受け継がれし日韓史の真実

——朝鮮引揚者の記録と記憶

豊田健一

幻冬舎MC

受け継がれし日韓史の真実

——朝鮮引揚者の記録と記憶

はじめに

国学者賀茂真淵（静岡県生まれ）を生んだ賀茂家の家督継承者にして、第三代靖国神社宮司（1909年〜1938年在職）賀茂百樹《ももき》氏（山口県生まれ）は、「明治神宮と靖国神社」（大正9年・1920年）にて、靖国神社の誕生の歴史と、いかに明治天皇がこの施設と深い関係にあるかを説明されたあと、明治神宮と靖国神社が、伊勢神宮の内宮（天照大御神）と外宮（豊受大神）の関係になっていると説いています。

「彼の孔子の語に、立国の基本として兵、食、信の三を擧（挙）げてをられますが、謹しみて按ふに豊受大神宮を尊び齋《いつ》（斎）き奉ることは、やがて豊富に国力を足らすことになり、又、靖国神社を敬ひ祭らるることは、やがて兵を強くすると共に、我が国民の『信』を立つることになると思ふのであります。

何故ならば、神武不殺の故に我等は敢《あ》へて戦を好むものではないが、然し勅命に死生を任せ奉つて、一身を捧げて之に奉ずることが、即、我が民族的信念の最高発露なるが故であります。それが故に私は靖国神社の祭祀が衰へる時には、国民の元気も亦、衰へ、靖国神社の祭祀が盛んなる時には、国民の元気も亦《また》、盛んなることを知るべしと思うて、轉《うた》（転）た靖国神社に對（対）する崇敬の念を禁ずる能はざるものがあります。

《附言》

中には靖国神社は軍人の殉職者を祀る神社と思って居るものがありますが、決してそうではありませぬ。平時に於ては假令《けりょう》（仮令）飛行機から墜落し、又は潜行艇の沈没と共に惨死しても、特に演習等にては戦争にも劣らぬ艱苦を嘗めて、海に激浪に浚はれ、陸に瘴霧に侵されても、之等は一般の文官の殉職者と同じく、国家から何等祭祀を享けては居りませぬ。

然らば如何云ふ人々が祀られるのかと申すに、此の国家に危害を加へんとする敵を防禦し、膺懲するが爲に死し、又は其れが原因になつて死んだもので、換言すれば、国家の生命に代りて自己の生命を捧げたものが祀らるゝのであります。

此の場合に於て、軍人が主としてこれに當（当）るのは勿論のことでありますが、軍人以外の人々と雖、爲に命を殞したものは、祭祀の恩典を受けるので、現在に於ても外交官、地方官、逓信官、警察官、看護婦等、苟しくも帝國臣民にして、戦役に關（関）して死歿したるものは、職の文武、官の高下を問はず祭祀せられて居ります。

平時に於ける殉職者も尊い犠牲ではありますが、危險（危険）を侵して健全なる自己の生命を、國家に捧げて國家の生命を健全にしたいと云ふ特別の精神に對して、國家は之を護國の神として永久祭祀するのであります。

世間には此の譯（訳）を知らずして、軍人のみが優遇せらるゝが如く思ひて、文官表彰の神社を建つるがよい、等云ふ人々もありますから此處（此処）に一言附け加へるのであります」

このように述べて、すでに当時から誤解をしている人が多いために、わざわざ靖国神社の祭祀の基準を述べています。またこのこと以外の部分においても、これからみなさんにお伝えする内容の深い理解を助けるものになります。

「明治神宮と靖国神社との御関係」（昭和9年・1934年）国立国会図書館デジタルライブラリーにてルビが振られて読みやすくなったものも公開されています。すべてに一度目を通していただけると幸いです。

目　次

第三章　逢魔が時

第四章　国敗れて山河なし!?

第五章　永遠の恋人を目指して

第六章　日韓の真実

第一章

靖国のまつりごと

靖国誕生

この靖国神社に合祀されている明治維新前の「尊王攘夷運動」に関り亡くなられた人たちへ贈られた「維新前殉難者」。この呼称であらたに呼ばれることになる方たちが、明治22年（1889年）5月2日、官報第1749号にて告示されました。

水戸藩士（茨城県）安島帯刀以下1390名、宍戸藩士（茨城県）松平大炊頭以下63名、松川藩士（福島県）中村修之助以下7名、合計1460名の方たちでした。併《あわ》せて同月5日靖国神社にて招魂式、翌6日に例大祭を行い、合祀されるとの発表が陸軍大臣大山巖によってなされました。

このとき、陸軍の軍人だった曾祖父豊田勝次郎の所属していた、地元鳥取県の軍施設においてもこの官報が貼られました。

そして、5月5日、6日に靖国神社に合祀されることになった、明治維新の旗を掲げた水戸藩藩士についての説明のあと、先に明治天皇に西南戦争で敗死した西郷隆盛なども許されたことがあげられ、大日本帝国憲法（明治22年2月11日発布）をいただいたこれよりあとは、維新時の遺恨を捨て心一つになって国に忠誠を誓うようにとの講話があったそうです。

帝国軍人としてこれを聞き、深い感銘を受けた曽祖父は、日本の礎になられた方たちにあやかり、5月8日に生まれた自分の子供に維新の功労者が祀られたこの施設の名前をいただき名付けました。

祖父の名は「豊田靖国」この名前ゆえに大正時代、国の極秘命令によって朝鮮半島の中心都市である京城、現在の韓国の首都ソウルに送り込まれ、昭和20年（１９４５年）大東亜戦争（太平洋戦争）終了からなおしばらく現地に留まっていた、日本の歴史上唯一の「朝鮮半島の靖国」になりました。

この本は、その任務中の朝鮮京城で生まれた伯母千枝子や父稔の話、日本に引き揚げてからも交友のあった方たちから物心ついたころから私が聞いてきた話をまとめたものになります。

するべき役割の人たちが、朝鮮半島から引揚げた日本人を詳しく調べることなく、その声を

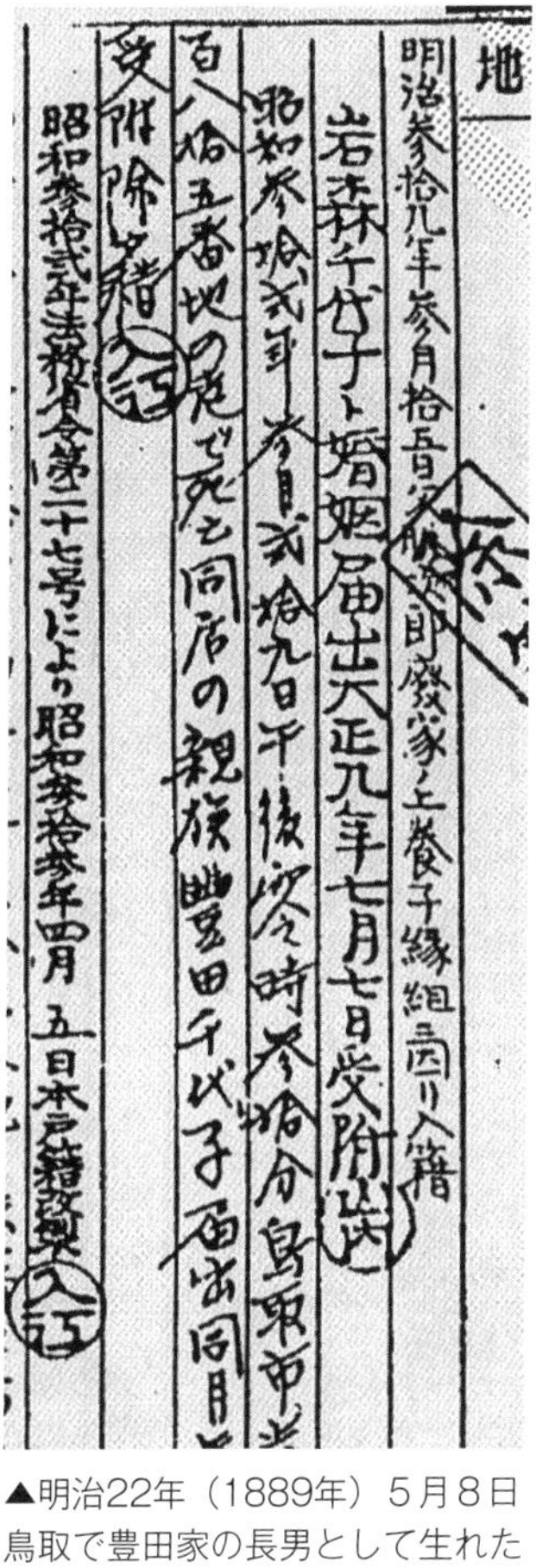
地
明治参拾九年参月拾五日
岩森千代子ト婚姻届出大正九年七月七日受附
昭和参拾弐年参月弐拾九日午後　時参拾分鳥取市
百八拾五番地の二で死亡同居の親族豊田千代子届出同日
受附除籍
昭和参拾弐年法務省令第二十七号により昭和参拾参年四月五日本戸籍改製

▲明治22年（1889年）５月８日鳥取で豊田家の長男として生れた祖父「豊田靖国」の戸籍

国民に伝えようとしなかったなかで、戦後から、さまざまな思惑でつくられまき散らされたでたらめな歴史教育で習った、日本と朝鮮半島との関係を含む近代史を信じてしまっている方も多いことと思いますが、どうか、その先入観を捨ててお付き合いいただけたらと思います。

曽祖父の願いは、自分と同様に祖父靖国が軍人になり国に尽くす道だったそうですが、祖父は子供時代に腸チフスに罹り、長期臥床の結果、片足の筋を痛め歩行や乗馬（このころの軍人は馬に乗れることも大事でした）に支障をきたしたことでその道を弟（最終階級大佐として同じ京城に赴任）に託しました。

そのもち大正9年（1920年）6月、祖父靖国が満州で見合いを勧められるところから、現在日本の歴史から消えてしまっている大日本帝国が天皇陛下の大御心《おおみごころ》（天皇の心、考え）に従うものとして進めていた計画の話は始まります。

満州にて勧められた見合い

「良い相手がいるから見合いをしないか？」

こう祖父に勧めたのは満州鉄道の関係者と伝わっていて、最初に見合いの話がされたのは6月の上旬でした。この見合い相手の女性が旧姓岩森千代子、結婚のあと豊田千代子（祖母）となりました。

祖母は明治33年（1900年）6月8日、富士山のある山梨県の後屋敷村に呉服商の娘として生まれました。

旧姓の岩森の岩は岩長姫《イワナガヒメ》、森は木に通じ木花咲耶《コノハナサクヤ》姫《ヒメ》に縁がある姓で、出身地の後屋敷村にある木宮神社の祭神は瓊瓊杵尊《ニニギノミコト》と建御名方神《タテミナカタノカミ》であり、そのすべてが、日本の古《いにしえ》より伝わる天孫降臨神話に関係がある神さまでした。

この姓にあわせ、生まれるひと月ほど前の5月10日に、嘉仁《よしひと》親王（大正天皇）が九条節子《さだこ》さま（貞明《ていめい》皇后）と結婚されたことをお祝いして、また、ご夫妻の末永い結婚と日本のますますの繁栄を祈願して、国歌でもあり、結婚の祝い唄でもあった「君が代」の「千代に八千代に～」から名前をいただき、千代子と名付けられました。

これにより、古事記の瓊瓊杵尊と岩長姫と木花咲耶姫姉妹との結婚にまつわる話とは異なり、岩森千代子は、その姉妹が分かれることなく永遠に繁栄が続くという「完全な結婚」を表す姓名になっていました。

このとても縁起の良い女性との結婚を、祖父は勧められ断る理由はなかったのですが、豊田家の長男でしたので、一度鳥取に戻り親族とも結婚について相談したいと話したそうです。

しかし、

「こういうものは縁だから、すぐに決めたほうがいい」

と、言葉巧みに周囲の人たちに勧められ、断りにくい状態をつくられ、この見合い話がかなり上の人から持ち掛けられたものだったこともあり、それではと、止むを得ず承諾したそうです。

すると、今度は結婚（婚姻届の日付け）は絶対に7月7日の「七夕の日」にしなければならない、万が一のことがあって手続きに不備があっては困るから、すべてこちらで手配すると満州鉄道側が仕切りだし、祖父母には一切関わらせなくなりました。

なぜ、そんなことにこだわるのかはわからなかったものの、慣れない満州のことでもあり言われるまま任せ、こうして戸籍にも正式に記載されているように、見合い話からわずかひと月あとの大正9年（1920年）7月7日に、満州において慌ただしく靖国と千代子は結婚したのでした。

結婚の祝い

結婚式が終わると、日を置かずに祖父は満州鉄道の上層部に呼び出され、こう告げられたそうです。

「このたびの君の結婚は大正天皇陛下の大御心を表すものになっている」

唖然とする祖父に対し続けて、

「先の4月28日、ご結婚された日本留学中の李王垠《りおうぎん》殿下と梨本宮方子《まさこ》さまのお祝いに、特別、大正天皇陛下より、ご自身の駅である東京駅と同等の、第二東京駅（兄弟駅）を、朝鮮京城の地に建設するご許可をいただいたゆえ担当を命じる。

本来は、結婚式終了ののちすみやかに国民に対し、李王垠殿下の韓国皇帝ご就任の大まかな日程を発表する予定であったが、当日、朝鮮よりの暴漢が捕縛されたため急遽中止となった。

しかし、即位の式典は内鮮（日本本土と朝鮮半島）の状況が確認できしだい行う予定である。式典の来客をお迎えするため、即位後の巡行にお使いいただくためにも、予定通り来年（大正10年）に着工しなければならない。

直ちに満州鉄道の一員として朝鮮京城に入り、その名（靖国）にかけて明治維新、日清・日露戦没者のお力添えを受け、無事準備が整うよう夫婦そろって励むように」

このような話だったそうで、祖父母の見合い話と急がされた結婚は、二人のためではなかったのです。

「大正天皇陛下の大御心」というものは元は歌だったと、のちに祖父がこの話を父にしてくれた際話していたそうですが、残念ながら父は歌そのものは忘れていて伝わっていません。

しかし、中身は以下のような内容だったそうです。

「このたびの結婚おめでとうございます。あなた（李王垠殿下）と方子さまが末永く添い遂げますように。また私の国『日本』とあなたの国『韓国』の関係もそうでありますように（君が代）。あなたの国が私の国とひとしく平和で穏やかな国（国靖んずる、靖国）になりますように七夕の短冊に願いをするように祈っています」

いつのころから目を付けられていたのかはわかりませんが、大御心に沿う形で祖父母は、7月7日の結婚を国によってさせられると、以上の事柄は他言無用の指示を受け、朝鮮半島の京城に満州鉄道の一員として入ることになったのでした。

それは、結婚のお祝いの品の京城駅の無事の竣工と、国が極秘に進めていた京城の地に新皇帝を迎えて完成する「日本の明治維新を手本とした韓国の維新」の成功祈願を兼ねたものでした。

そして、このころ、祖父の入ることになった京城龍山のすぐ近くの南山では、天照大御神《アマテラスオオミカミ》（伊勢神宮）と明治天皇（明治神宮）の二柱を、朝鮮半島の安定と繁栄のためにお迎えする、新しい神宮の本格工事が始まろうとしていました。

伊勢神宮外宮にして五穀の神である豊受大神《トヨウケノオオカミ》、明治神宮の外宮にして護国の靖国神社を姓名にあわせもつ「豊田靖国」は、こうして極秘の任務に就くことになったのです。

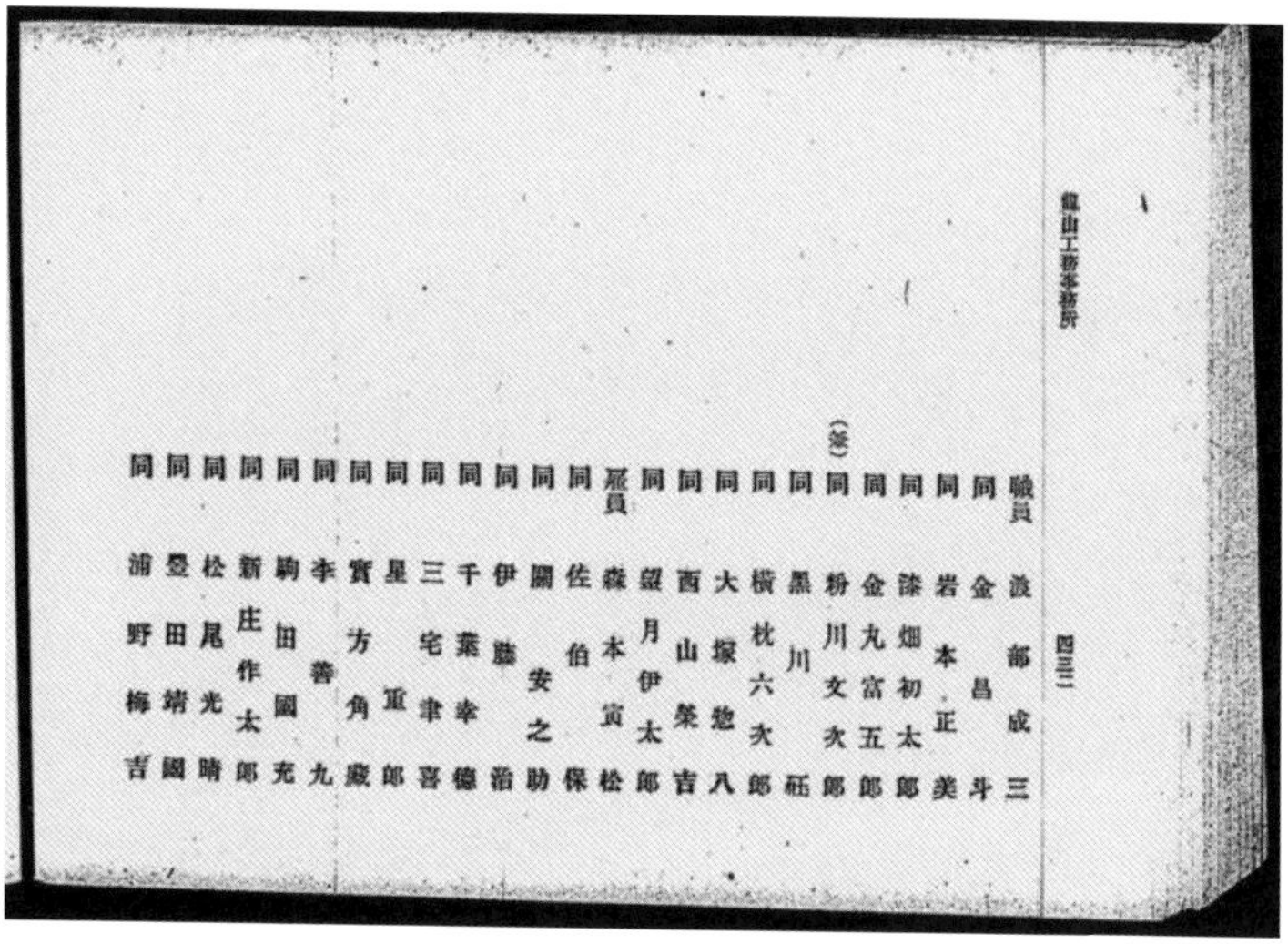

龍山工務事務所　四三二

職員 渋部成三
同 金昌斗
同 岩本正美
同 漆畑初太郎
同 金丸富五郎
同（兼） 枌川文次郎
同 黒川砥
同 横枕六次郎
同 大塚惣八
同 西山榮吉
同 望月伊太郎
雇員 森本寅松
同 佐伯保
同 關安之助
同 伊藤治
同 千葉幸德
同 三宅津喜
同 星重郎
同 實方角藏
同 李善九
同 駒田國充
同 新庄作太郎
同 松尾光晴
同 豊田靖國
同 浦野梅吉

▲大正10年（1921年）の南満州鉄道株式会社社員録
京城龍山工務事務所に雇員として左から２番目に豊田靖国記載。

帝都を手本とした近代化

▲朝鮮鉄道旅行便覧（大正12年・1923年）より京城市街 南大門通
（国立国会図書館ウェブサイトより）

　祖父母が朝鮮半島の京城に入ったのは大正９年（１９２０年）８月のころだったようです。そのころ京城では近代都市へと生まれ変わる大規模な作業が進行していました

　これは「日韓併合」を経て、明治維新以降の江戸改め東京と呼ばれることになった帝都を中心とした目覚ましい文明開化を手本として、日本主導により、早期に朝鮮半島の民を日本人と等しい文明国人に仕立てるという明確なコンセプトのもと進行していたものでした。

「一視《いっし》同仁《どうじん》」という言葉でも端的に言い表せられる日本も朝鮮もそこに住む人もすべて平等にという明治天皇、大正天皇の大御心の実現と、もう一つ日本の安全保障上朝鮮半島が担う重要な役割のためでした。

そのため、政治闘争に明け暮れ、国家予算に乏しかった旧韓国時代の遅れを取り戻すべく、表の朝鮮総督府予算とは別に、当時の日本国民に伏せる形で巨額な開発資金を回していました。

「満州鉄道経由でかなり入れていた」

すでに過去の話として、当時を知る人たちが戦後の引揚げ日本人の集まりで話していたものによると、同時期に日本軍が行っていたシベリア出兵を名目に軍事輸送上重要という形で、大正7年（1918年）から満州鉄道に、朝鮮の鉄道工事などをしばらくの間委託していましたが、そうやって費用を一部満州鉄道経由で朝鮮に入れて予算の流れをみえにくくして、まだまだ開発の遅れていた日本本土の地方の不満や、野党勢力の「なぜ朝鮮半島を優遇するのか」との批判が国に向いてくるのを避けていたのです。

祖父靖国も、そのような経緯から満州鉄道に合流しての京城入りになりました。

京城（ｓｅｏｕｌ）

京城は市街の周囲を山に囲まれて南に漢江が流れる山河襟帯という、自然によって守られた要地として発展してきた朝鮮半島の古くからの王都でした。

李氏朝鮮の祖 李成桂《りせいけい》（１３３５年〜１４０８年）によって京城（当時は漢陽）を王都と定めたことから始まったといわれています。

李成桂は、中国の明に朝貢を行い韓国の王として認められたため、この際に造られた景福宮は、ちょうど漢江から出てきた龍が、自分たちの主である天（明の皇帝）に馳せ参じるように造られました。

これは古代中国においても、その影響下にあった朝鮮半島においても、皇帝＝龍という考えがあったことからとされ、李王の王宮である景福宮は龍の頭であり、そこから漢江にからだが伸びていく形に見立てられていて、水辺に生息し天へと昇る伝説の龍と、大地のエネルギー龍脈の考えを持つ風水を取り入れて造られたものだったそうです。

そののち、城壁や門がいくつも造られたのですが、日本による韓国併合後は、近代都市に邪魔な城壁は取り壊され、南大門や東大門を残すのみとなっていました。

ちょうど祖父母が京城に入った時期は、その南大門周囲も拡幅工事に当たり区画整理のもと、目抜き通りも形を大きく変えつつありました。

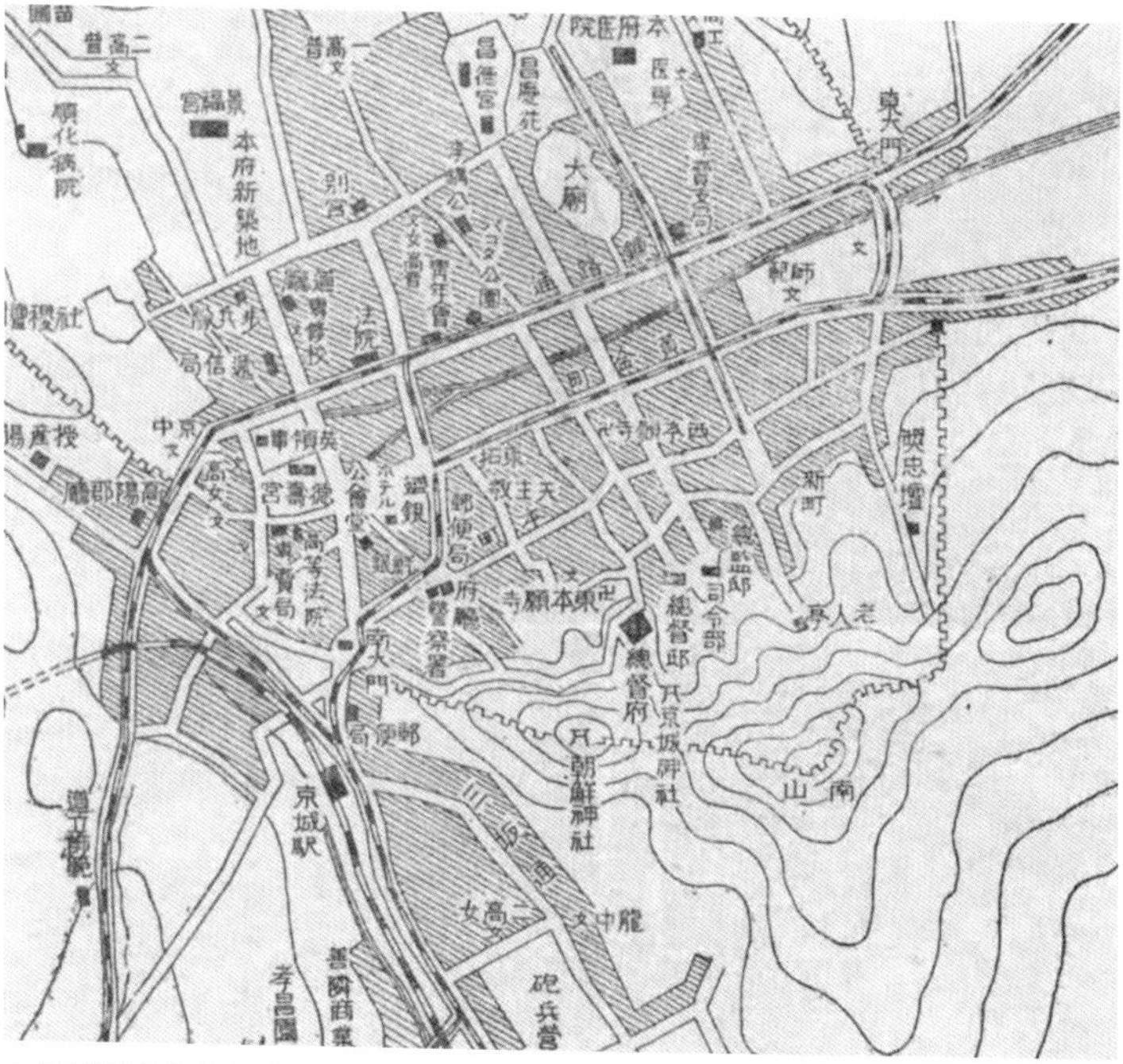

▲朝鮮鉄道旅行便覧（大正12年・1923年）より京城地図
（国立国会図書館ウェブサイトより）

地図左上の景福宮敷地内に本府新築地とあるように、祖父母が京城に入った当時は朝鮮総督府新庁舎は建築中で、地図中央やや下の南山側に総督府庁舎は置かれていました。

また朝鮮神宮も工事中のため朝鮮神社のみの表記になっています。

地図左下の京城駅が祖父靖国が担当したものになります。工務事務所も総督府庁、駅や神宮工事に近い場所にありました。

地図では見えませんが

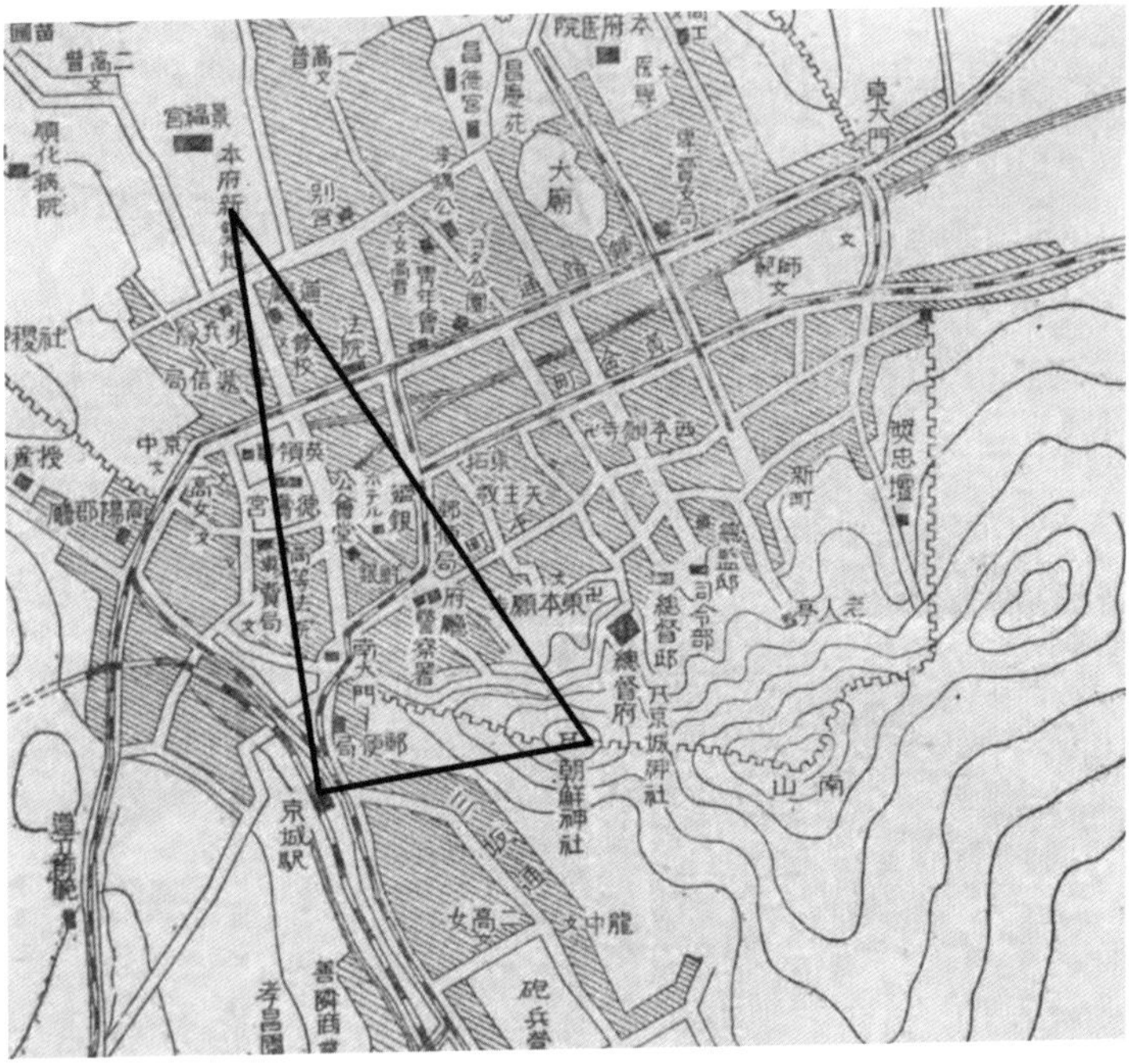

更に下に降ると漢江が流れています。この漢江のそばに大正時代に造られた朝鮮総督府新庁舎・朝鮮神宮・京城駅の3つの施設が大日本帝国が目指し、朝鮮総督府が掲げた基本理念「内鮮一体」の本来の意味を示すシンボルとなっていました。

地図上の3つを直線で結んでみました。大きな三角形になっているのがわかります。

大正5年（1916年）建設が始まった朝鮮総督府新庁舎。

大正9年（1920年）京城の最も高い「南山」で工事が開始された朝鮮神宮と、祖父靖国が送り込まれた京城駅（工事は大正10年から着工）。
李王垠殿下と梨本宮方子さまとの婚約が発表された、大正5年以降に工事が始まったこの3つの施設がつくり出したものは、次のものになります。

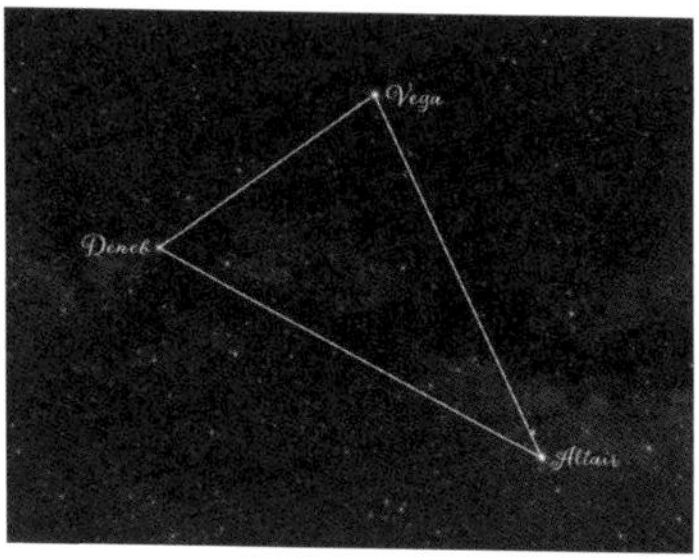

近年では「夏の大三角形」と呼ばれるこの3つの星ベガ（こと座）、アルタイル（わし座）、デネブ（白鳥座）が直線で結ばれることによってつくり出す大きな三角形。ベガは織姫星、アルタイルは彦星と呼ばれ、

「天帝の娘織女《しょくじょ》（織姫）と牽牛《けんぎゅう》（牛飼いの彦星）の夫婦が愛深きゆえに仕事をおこたり、天帝の怒りをかい別れ別れになる。そして反省ののち、その仕事ぶりを認められ再び会うことを天帝に許され、天漢（天の川）にかかる橋を渡り再び出会う」

夏の夜空を飾り世界各地に似たような話（ギリシャ神話のゼウス神と姉でもあり妻でもある女神ヘラのミルキーウェイ伝説）が伝わる「七夕伝説」。

その伝説とそれを祝う行事は、日本や中国、韓国にも伝わり、各地にいろいろな形として残っていました。

この七夕の三角形を、わざわざ朝鮮半島の京城に再現したのか。星に見立てられた京城駅、朝鮮総督府、朝鮮神宮。この3つの施設がどういう意味を持っていたのかを、順に説明していきます。

第二章

都市の設計図は神話

▲朝鮮之風光（昭和2年・1927年）より京城駅
(国立国会図書館ウェブサイトより)

京城駅（第二東京駅）

駅舎はルネッサンス式の石材、レンガ併用鉄筋コンクリート建築。表側は二階建て、乗降側は三階建て、一階の右には事務室、左には食堂。プラットフォームは一段下へ降りる形になっていました。

大正10年（1921年）着工で、竣工は大正14年（1925年）。1947年、韓国の首都の駅ソウル駅に改称ののち、2004年まで使用。現在は文化駅ソウル284（文化交流施設）として日本が残した大規模建築物をことごとく破壊していった韓国のなかにあって貴重な姿を残しています。

なぜ、この駅が東京駅に似ているかというと、李王垠殿下への結婚祝いとして、似せてよいと大正天皇に許可をいただいたからです。ひとめ見て、日本の帝都の東京駅に似ていれば、それだけで、この駅がほかの駅より格式が高いということがわかります。

同上南大門驛の奉迎裝飾
（右方西洋建築は便殿に充てたる驛貴賓室）

▲明治40年（1907年）嘉仁親王（大正天皇）をお迎えするべく京城南大門停車場に日本の国旗と韓国の国旗を掲げています。この駅が一度建て替えられ京城駅と呼ばれるようになり、そののち東京駅に似せた壮麗な京城駅が建設されました。
（国立国会図書館ウェブサイトより）

それは、京城が土地柄、王族や両班（朝鮮半島の特権階級層）が多く住んでいた場所ですので、儒教の影響で何事にも上下にこだわるこの人たちに、自分たちの新しい王（皇帝）への贈り物が、日本の帝都に並ぶものですよ、下に見ていませんよと、好印象を持ってもらいたかったことでもありました。

そして、この駅の建設命令が、大正天皇の贈り物という極めて個人的な

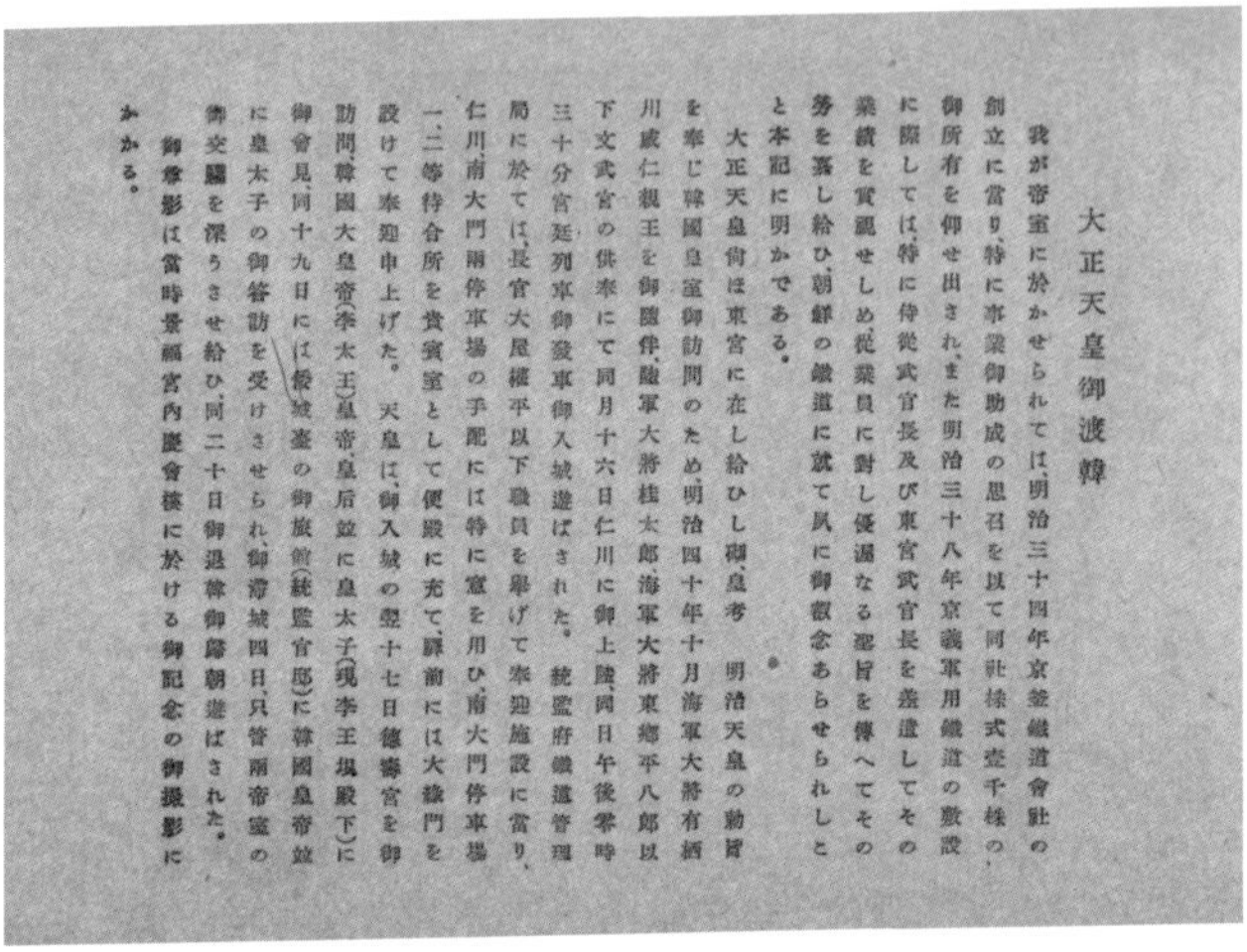
大正天皇御渡韓

我が帝室に於かせられては、明治三十四年京釜鐵道會社の創立に當り、特に事業御助成の思召を以て同社株式壹千株の御所有を仰せ出され、また明治三十八年京義軍用鐵道の敷設に際しては特に侍從武官長及び東宮武官長を差遣してその業績を實視せしめ、從業員に對し優渥なる聖旨を傳へてその勞を褒し給ひ、朝鮮の鐵道に就て夙に御軫念あらせられしとと本記に明かである。

大正天皇尙ほ東宮に在し給ひし砌、皇考　明治天皇の勅旨を奉じ韓國皇室御訪問のため、明治四十年十月海軍大將有栖川威仁親王を御隨伴、陸軍大將桂太郎、海軍大將東郷平八郎以下文武官の供奉にて同月十六日仁川に御上陸、同日午後零時三十分宮廷列車御發車御入城遊ばされた。統監府鐵道管理局に於ては、長官大屋權平以下職員を擧げて奉迎施設に當り、仁川、南大門兩停車場の手配には特に意を用ひ、南大門停車場一、二等待合所を貴賓室として便殿に充て、驛前には大綠門を設けて奉迎申上げた。天皇は、御入城の翌十七日德壽宮を御訪問、韓國大皇帝(李太王)皇帝、皇后並に皇太子(現李王垠殿下)に御會見、同十九日には倭城臺の御旅館(統監官邸)に韓國皇帝並に皇太子の御答訪を受けさせられ、御滯城四日、只管兩帝室の御交驩を深うさせ給ひ、同二十日御退韓御歸朝遊ばされた。

御尊影は當時景福宮内慶會樓に於ける御記念の御撮影にかかる。

▲朝鮮鉄道史 一巻（昭和４年・1929年）より 大正天皇御渡韓
「明治天皇の勅旨を奉じ韓國（韓国）皇室訪問のため、明治四十年（1907年）十月海軍大将有栖川威仁親王を御随伴、陸軍大将桂太郎、海軍大将東郷平八郎以下文武官の供奏にて同月十六日仁川に御上陸、同日午後零時三十分宮廷列車御發（発）車御入城遊ばされた。統監府鉄道管理局に於ては、長官大屋權平以下職員を擧（挙）げて奉迎施設に當（当）り、仁川、南大門兩（両）停車場の手配には特に意を用ひ、南大門停車場一、二等待合所を貴賓室として便殿（皇族の休憩所）に充て、駅前には大緑門（アーチ）を設けて奏迎申上げた。
(国立国会図書館ウェブサイトより)

意味をも持った「第二東京駅建設命令」として祖父靖国に降った理由は、京城駅と呼ばれる前の南大門停車場時代に、陛下ご自身がこの地に立たれ李王垠殿下と交遊を持たれた思い出深い場所だったからでした。

「天皇は御入城の翌十七日徳壽宮《とくじゅ》を御訪問、韓國大皇帝（李太王）皇帝、皇后竝（並）に皇太子（現李王垠殿下）に御會（会）見、同十九日には倭城臺の御旅館（総監官邸）に韓國皇帝竝に皇太子の御答訪を受けさせられ、御滞城四日、只管《ひたすら》帝室の御交驩を深うさせ給ひ、同二十日御退韓、御歸（帰）朝遊ばされた」

『朝鮮鉄道史一巻』「大正天皇御渡韓」の一部になりますが、このように、大正天皇は近代天皇で唯一韓国を訪問された方になり、外国への皇太子訪問としても、初めてのことになりました。

このときのことは、初代内閣総理大臣にして、初代韓国総監を務めた、伊藤博文の言葉を収めた、『伊藤公全集 第二巻』の京城駅小学校児童招待の弁（明治40年・1907年・11月17日統督官邸庭園に於て）にも掲載されています。

嘉仁親王が韓国を去られたあとに、京城小学校並びに、付属幼稚園生徒1500名を招待し、園遊会を催し、官民100余名がこれに参会した際の当日、伊藤博文自身が後丘の岩に立ち、児童に対して訓話したものになります。

「おいこら。お前たちは過般《かはん》日本の皇太子殿下（嘉仁親王）が渡韓された節、能く拝したかどうだ。（生徒中、能く拝しましたと呼ぶものあり）。宜しい」

非常に和やかな雰囲気で始まると、嘉仁親王がどのようなコース、日程で韓国を訪問されたかを語り、こう続けます。

「今日の時節は昔と違ひ皇太子ぢやからというて徒らに宮中に於て安逸に日を暮す（訳）には行かぬ。即ち外國の帝室を訪問し、見學（見学）の爲めに各地を巡視せらるゝ事は、取りも直さず其職分を盡（尽）さるゝ所以《ゆえん》である。

予も来月初めには東京に歸（帰）るに依り、當分（当分）お前たちと途中で逢ふ事もなからうが、其節は韓國皇太子をも同伴する事を頼まれて居る。殿下が再び歸らるゝ時には、お前たちはすでに大人と爲る位であろうが、韓國の皇太子が日本に遊學せらるゝ事も之れ迄にはないことで、今日は實（実）に重大な機會（機会）である。

古人も百聞一見に如かずと言はれたやうに、今日茲《ここ》に来會して予の話した處（処）は永く記憶に存し、他日に至り総監がアー言はれた事もあるがと回想（回想）すれば自然奮發（奮発）する基ともなるのである。

今日は恰《あた》かも一昨年日韓條約の成立した當日であるけれども、強ち之を祝すると言ふ爲ではないが、幸ひ天氣も晴朗で且《か》つ日曜日でもあるから、此の會を催したる次第である。生徒も職員も能く前述の趣意を諒して、後丘に遊び、辯當（弁当）でも食うて互に遊戯し、十分の歡（歓）を盡されんことを望む」

伊藤博文は、ここで韓国皇太子が日本に留学すること、その同伴を頼まれていること、さらに留学が10年くらいにはなることを、子供たちや参加者に示しています。

日本側から先に、嘉仁親王（大正天皇）に皇室の慣例を破り、日本海を渡り韓国訪問をしていただいたことで、韓国もまたそれにならい、自国の皇太子を日本へ留学させたのです。すなわち、韓国皇太子の身柄は、日本側が責任をもって預かり返しますという両国納得の約束になっていたのです。

同じ『伊藤公全集 第二巻』の韓太子留学の経緯と日韓の融和（明治42年・1909年・8月1日・水戸歓迎会に於て）でも、歓迎会出席者に水戸の小学生が提灯を掲げ、韓国皇太子を歓迎してくれたことに感謝し、このことが、将来の日本と韓国との友好へとつながることと述べています。

誰よりも日韓友好と韓国皇太子の成長を望んでいた伊藤博文。祖父靖国の名前の由来ともなった明治維新の旗を掲げた水戸藩士の生地に、12歳の韓国皇太子をお連れして、韓国維新成功のための覚悟と、新時代の韓国の行く末は、あなたによって決まるということを説いたのでしょう。

さらに、このあちに訪れた北海道でも『伊藤公全集 第二巻』日韓の関係（明治42年・1909年・8月6日・函館歓迎会に於て）出席者に対して、韓国との関係や韓国皇太子留学の意義について語り、朝鮮半島と北海道が、日本の国防上の重要地点であることを示しながらも、朝鮮半島は、韓国の領土とハッキリと言っています。

そのためにも、自国の置かれている状況を正しく理解できるように、韓国皇太子に、母国においては学べぬ近代的学問を日本にて授け、因習にとらわれず、国のこと、韓国の民衆のことを、第一に考えられる君主になっていただこうとしていました。その間に、朝鮮半島においては送り込まれた日本の役人が、乱れた国政を改善、独立国として経営が成り立つように、京城を中心に、行政や司法の近代化を進めていたのです。

明治42年（1909年）10月26日、ハルピンにて安重根《あんじゅうこん》に暗殺された伊藤博文の残した言葉に、朝鮮半島の人々を見下したり、その土地を大日本帝国の利益のためだけの植民地にしようとしたりするものなど、あるはずがありませんでした。

明治天皇より韓国皇太子の養育を任された韓国のことを、誰よりも思った日本の政治家の計画。事情を知る京城で任務に当たっていた人や、のちにそのことを伝え聞いた家族が、引揚げ日本人の集まりで話していた「伊藤博文の置き土産」。

それは、韓国皇太子に日本に留学していただき、日本語を習得、近代皇族としての振る舞いだけではなく日本の風習や考えかたにも慣れていただいたくこと。

そして、古の時代に、藤原鎌足を祖とする藤原一族が、武力を用いず婚姻による権力掌握で宮中の政治を行った例にならい、神の娘（日本の皇族の娘）を嫁がせ、血縁関係を強化し、依然として、韓国を属国としてその政治に介入をしようとする清（中国）や、日露戦争以降も南下の意思を見せ、朝鮮半島を自国領に欲するロシアの息のかかった韓国宮廷人を、通訳という形でも介入させず、独立国の形を取りながらも同盟国として、新しい韓国皇帝を日本が後見していくというものでした。

「あなた（韓国皇太子）が、あなたの国を治めるときの役にたつでしょうから、愛する織姫（朝鮮の民）としばし別れ、私の下で修業をなさいという天帝（明治天皇）の計らいにより、牽牛（韓国皇太子）は長く日本に留学されていましたが、このたび、めでたくも天帝（大正天皇）の許しを得て、天の川（漢江）に架けられた橋（漢江鉄橋）を渡り、再び愛するものと出会う（一人前の男として、すなわち皇帝として国を治める）ことになりました」

伊藤博文という最大の韓国の理解者を失って行われた韓国併合（1910年）により、日本の当初の計画からどのような変更がなされたのかは、聞く機会に恵まれずわかりませんが、明治天皇から代がかわっても、大正天皇に受け継がれた「韓国の維新をなす」という大御心の下で、日本の近代化よりも、短期間の内に朝鮮社会をつくり変える作業は、水面下で進められ大詰めを迎えようとしていました。

祖父靖国と祖母千代子の、事実上の国の命令による7月7日の結婚は、七夕伝説を織り込み、梨本宮方子さまと結婚されたことにより、天津神の一族（日本の血縁者）となられた李王垠殿下の皇帝就任という、近づきつつあった韓国の維新成功祈願のために用意され、結婚祝いの品として、大正天皇、李王垠殿下の思い出深い場所でもあり、帝都の東京駅同様に、新韓国皇帝の専用駅の顔ももつ「京城駅」に縁付けられたものでした。

▲朝鮮博覧会記念写真帖（昭和５年・1930年）より 朝鮮総督府庁舎
（国立国会図書館ウェブサイトより）

朝鮮総督府庁舎

工事開始は大正５年（１９１６年）、竣工は大正15年（１９２６年）とおよそ10年の歳月をかけて花崗岩で造られた白亜の豪華な庁舎でした。

京城帝国大学（大正13年・１９２４年創立）とこの新庁舎の門塀は、ほかの資材同様まだ朝鮮では調達できず、私の父と同じ京城元町小学校の同期の方の父親の手によって日本から船で運ばれ収められましたが、玄関・廊下・会議室などは、朝鮮半島産の大理石を用い、鮮やかな色彩で飾り、大ホールには、日本人画家和田三造氏の手による、内鮮の縁を象徴した大壁画が掲げられました。

ほとんどの歴史書や学校の授業、旅

行ガイドなどでは、この朝鮮総督府庁舎は「景福宮の前」に建てられたと説明されていると思いますが、正しい意味を知っていた人たちは「景福宮の下」に建てられたと話していました。

旧庁舎から位置を変え、あえて景福宮の下にした理由とは、漢江鉄橋から龍山駅を通り、京城駅、そこから南大門通を通り光化門通と上り、王宮である景福宮へといたる過程が龍の形になり、漢江側を下に景福宮を上にして、水中から天へと龍が昇る「昇龍」として平面の地図を立てるように見るものでしたので、天を飾る星座の三角形の頭が、韓国では龍の化身であるとされていた皇帝の宮殿に向いている必要があったからです。

また、日本でもなじみ深い、急流を昇り切った鯉が龍になるという「鯉の滝登り」と呼ばれる、中国の故事にならったものでもあり、この一帯に、龍山や臥龍という龍にちなんだ地名が多く付いていることからも、日本側は古くから中国文化の強い影響下にあり、風水を重んじる朝鮮の文化に配慮しつつ、日本で留学を終えた皇太子が、皇帝に就任するという意味も込めたものでもありました。

漢江を登って龍になった皇帝の宮殿は、龍の頭であり、天にある宮殿（天宮）であるということから、大正時代に、日本が建設した朝鮮総督府新庁舎や軍事施設は、皇帝の権威を犯さないように景福宮の下に造ったのです。

そして、朝鮮総督府庁舎大ホールに掲げられた壁画、題名「羽衣」には、朝鮮の伝説（白頭山や金剛山の羽衣伝説）と日本の伝説（静岡県三保の松原や京都府の丹後に伝わる羽衣伝説）

が同一であることから「内鮮一体に還る」の意味を込めて、水浴びをする天女と、その近くには羽衣、それを見る樵という男女の図が描かれました。

　これは、描かれている羽衣により、それを身に着け、ここより上は天（景福宮）へと至る（天宮の皇帝に見守られて政を行う）という深い意味も込めていました。

「羽衣」は、天女のみが織れるもの、すなわち、機織り姫によって織られるものであり、題材となった朝鮮の伝説では、羽衣を隠された天女と樵《きこり》は結婚するものの、三人の子供をなしたのちに羽衣を見つけると、再び天へと帰ってしまい、樵は三人の子供たちとともにあとを追って天へと上り、そこで暮らしたという結末になっていました。

　ここにも、愛し合うものが一度別れて再び出会うという「七夕伝説」が取り入れてあったのです。

　朝鮮半島が日本領のまま終わった表層だけを見て、明治40年（１９０７年）の訪韓のなかで李王垠殿下と親しく交わられ、帰国後に、韓国語を自ら学ばれた大正天皇、留学中の李王垠殿下を気遣われていた明治天皇の大御心を無視し、大東亜戦争（太平洋戦争）終了から今日まで、現地にいて作業に当たった日本人やその家族に、確認を取ることなく考察されたものでは、贅を尽くした施設が、植民地支配を行った朝鮮総督府や、軍人から選ばれていた朝鮮総督の権威付けのために建設した、または、李王家の権威を貶めるために、景福宮が見えなくなるように、正面に建設したかのような説明がされています。

　しかし、李王垠殿下の高位の姫君との婚約発表と同じ大正５年（１９１６年）に、景福宮敷地内に建設が開始された意味も含めて、この朝鮮総督府新庁舎も、京城駅、朝鮮神宮と同様に、近い将来始まるであろう韓国皇帝の新政のために用意されたものでした。だからこそ、特別な予算を厳しい日本の財政のなかからやりくりして捻出してまでも、朝鮮半島の産物を取り込んだ贅沢な庁舎に仕上げたのです。

併合前にも伊藤博文の進言によって、韓国においては前例のない皇帝による巡幸が行われ、成果をあげており、新韓国皇帝による巡幸もまた、当然必要とされていました。そのため、壮麗な朝鮮総督府庁舎前に整列した内鮮人官吏により見送られた皇帝の行列が、直接京城駅に入られる場合も、いったん、朝鮮神宮に参拝されてから京城駅に入られる場合のどちらでも、沿道の民に迎えられながら、駅正面より入場していただけるように、南大門広場だけではなく、周囲の道もつくり替えられたのです。

こちらも、皇居より天皇に帝都の玄関口である東京駅にお入りいただく際や、来賓を迎える際に使われる、僥倖通りと同じ考えが取り入れられました。

その行列を見せ、自分たちがいただく皇帝が、どなたなのかということだけではなく、日々民を想い、自分たちの生活を気にかけて下さっているのだという実感を与える。

「敬神敬愛」の教育を日常のなかから施し、穏やかな内に国を治める。

京城は京の文字を持つ皇帝の住む都、東京の兄弟都市（第二帝都）として、さまざまな部分が手本とされていたのです。

朝鮮総督府は、現人神とされた明治天皇の詔書により、朝鮮半島に日本と同様の発展と、民衆の安寧を与えるべく、職務に励むよう義務付けられました。

　一方「永久に韓国を帝国（日本）に併合する」という文言が、日本の古い伝承や大陸との関係を示す伝承にうとい一般国民には、日清・日露戦争を経て自分たちが多大な犠牲を払って獲得した領土（植民地）という解釈でとらえられ、朝鮮民族の近代化を助けるという意識より、下に見る傾向が強く出て対応に苦慮していました。

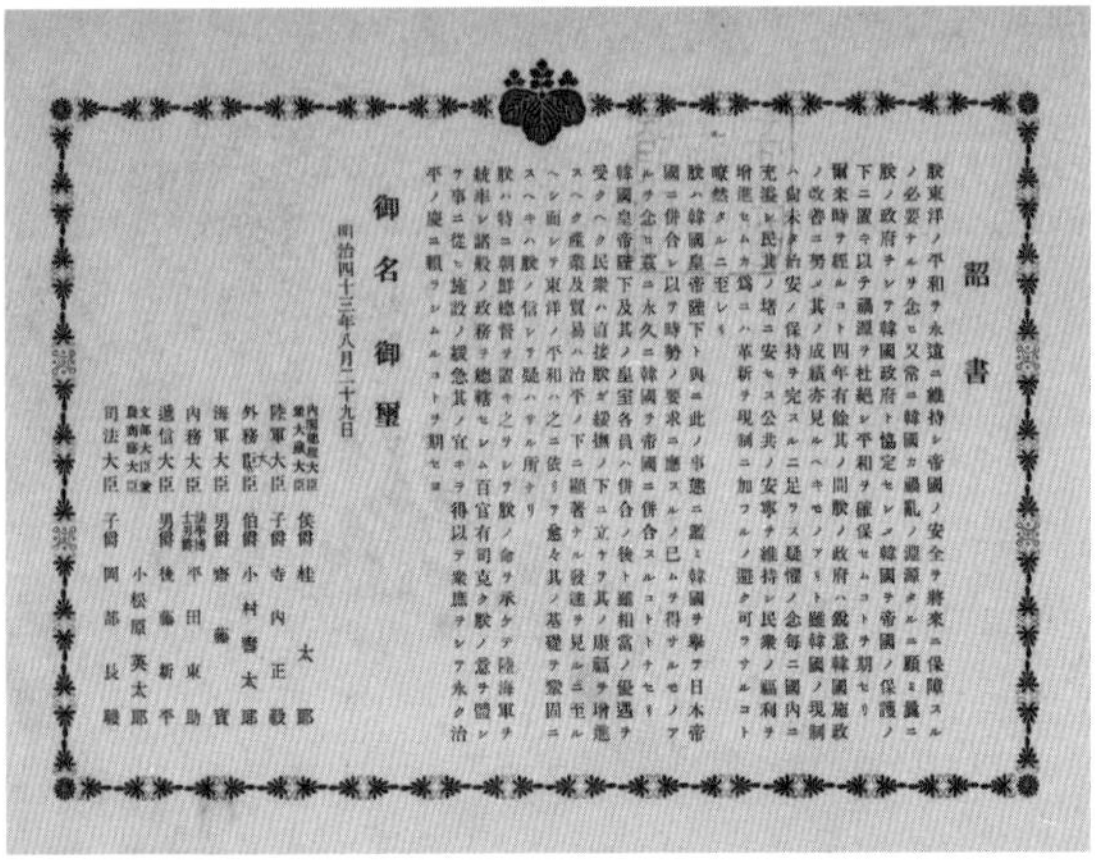
詔書
朕東洋ノ平和ヲ永遠ニ維持シ帝國ノ安全ヲ將來ニ保障スル
ノ必要ナルヲ念ヒ又常ニ韓國カ禍亂ノ淵源タルニ顧ミ曩ニ
朕ノ政府ヲシテ韓國政府ト協定セシメ韓國ヲ帝國ノ保護ノ
下ニ置キ以テ禍源ヲ杜絶シ平和ヲ確保セムコトヲ期セリ
爾來時ヲ經ルコト四年有餘其ノ間朕ノ政府ハ鋭意韓國施政
ノ改善ニ努メ其ノ成績亦見ルヘキモノアリト雖韓國ノ現制
ハ尚未タ治安ノ保持ヲ完スルニ足ラス疑懼ノ念毎ニ國内ニ
充溢シ民其ノ堵ニ安セス公共ノ安寧ヲ維持シ民衆ノ福利ヲ
増進セムカ爲ニハ革新ヲ現制ニ加フルノ避ク可ラサルコト
瞭然タルニ至レリ
朕ハ韓國皇帝陛下ト與ニ此ノ事態ニ鑑ミ韓國ヲ擧テ日本帝
國ニ併合シ以テ時勢ノ要求ニ應スルノ已ムヲ得サルモノア
ルヲ念ヒ茲ニ永久ニ韓國ヲ帝國ニ併合スルコトトナセリ
韓國皇帝陛下及其ノ皇室各員ハ併合ノ後ト雖相當ノ優遇ヲ
受クヘク民衆ハ直接朕カ綏撫ノ下ニ立チテ其ノ康福ヲ増進
スヘク産業及貿易ハ治平ノ下ニ顯著ナル發達ヲ見ルニ至ル
ヘシ而シテ東洋ノ平和ハ之ニ依リテ愈々其ノ基礎ヲ鞏固ニ
スヘキハ朕ノ信シテ疑ハサル所ナリ
朕ハ特ニ朝鮮總督ヲ置キ之ヲシテ朕ノ命ヲ承ケテ陸海軍ヲ
統率シ諸般ノ政務ヲ總轄セシム百官有司克ク朕ノ意ヲ體シ
テ事ニ從ヒ施設ノ緩急其ノ宜キヲ得以テ衆庶ヲシテ永ク治
平ノ慶ニ頼ラシムルコトヲ期セヨ
御名御璽
明治四十三年八月二十九日
内閣總理大臣兼大藏大臣　侯爵　桂太郎
陸軍大臣　子爵　寺内正毅
外務大臣　伯爵　小村壽太郎
海軍大臣　男爵　齋藤實
内務大臣　法學博士男爵　平田東助
遞信大臣　男爵　後藤新平
文部大臣兼農商務大臣　小松原英太郎
司法大臣　子爵　岡部長職

▲明治43年（1910年）８月29日、日韓併合の詔書
大日本帝国朝鮮写真帖より
（国立国会図書館ウェブサイトより）

　そのために、朝鮮半島を再び国にして西欧植民地政策に対抗するためにも、国民を納得させられる大義名分が求められたのです。

　さらに、明治天皇崩御後の大正時代になると、明治維新・文明開化の興奮が冷めるなか、各地で反政府運動や米騒動などが頻発、大正天皇の健康不安と併せて、天皇制への揺らぎが起きました。

　これらを解決するべく、嘉仁親王時代に韓国を訪れた大正天皇の神の力によって朝鮮半島でも維新がなった、明治天皇の神の力は大正天皇に受け継がれており、いささかもその力は衰えてはいないと示して、日本国内を引き締めようと「韓国の維新」が国の中枢、大正天皇に近い人たちで急がれていたそうです。

旧庁舎から位置を変えて、龍の頭のような敷地内に建てられた朝鮮総督府新庁舎。

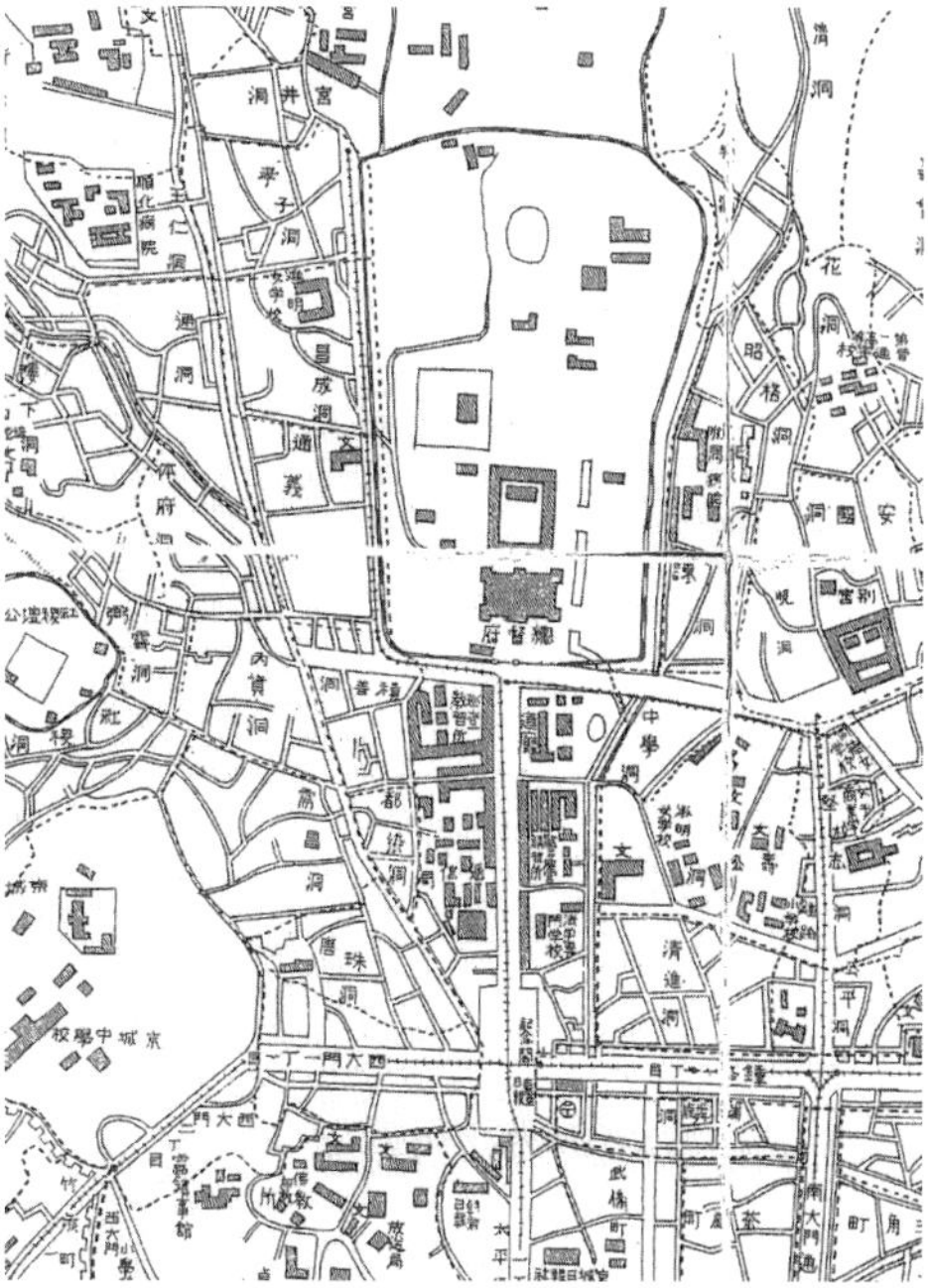

▲京城地図から朝鮮総督府庁舎一帯『日本列島を繞る激動の昭和半世紀の史料：6』より　昭和９年京城土木課製　昭和61年２月15日謙光社復刻発行（国立国会図書館所蔵）

たいていの人は、総督府庁舎の写真だけで説明されているでしょうから、なかなか「龍の……」と言われてもわかりにくいでしょうが、このような、敷地全体が見える地図だと、イメージがとらえやすくなると思います。

その下に光化門通が伸び、そこから太平通、南大門通と走り、京城駅から線路伝いに漢江へと、龍のからだがうねるようになっていました。

韓國皇帝西鮮御巡幸（開城驛に於て）
——明治四十三年二月二日——
▲韓国皇帝西鮮御巡幸（明治43年・1910年）2月2日　朝鮮鉄道史より（国立国会図書館ウェブサイトより）

城塞都市時代、夜間に門を閉じることにより、皇帝の住む宮殿や政務を執り行う重要施設の収まった敷地内に、地から湧き出る龍の力が満ちて、日没後跋扈する悪鬼や病魔を、外界から入れさせないという古代中国の思想に基づいていました。

また、この龍は旧韓国の主である中国の皇帝に馳せ参じるように、頭が満州側に向いている形になっていましたが、日本側では、皇帝（天皇）＝龍という考えがとうになくなっていたことと、東京に頭を向けるよりも、今後、満州方面への影響拡大を目指す日本にとっては、進行方向へ向いている形になるので都合がよく、朝鮮側への配慮と併せて、この考えを取り入れたそうです。

上記写真は、併合前の韓国李王坧皇帝が行った巡幸の様子です。教育産業の奨励や高齢者を見舞われ、支配者である皇帝が、自ら民に姿を見せるという、新しい時代が韓国にも訪れたことを示した、大きな一歩となりました。

地方役人が厳しく民衆から税を取り立てながらも、私腹を肥やし、中央政府にそのお金を上げてこないという、乱れた政治が続いていた李王朝末期。

韓国の民の生活困窮の不満や憎しみは、支配者である王族に向いていたため、すぐには、日本の明治維新を手本にした皇帝の下の近代化はできかねていました。

そのため、明治維新以降海外を視察し、西欧各国の進んだ皇族の振る舞いを参考に、日本の皇族の近代化にも多大な貢献をした、伊藤博文は、一刻も早く韓国の民から王族が愛されるようにこの巡幸を進言するだけではなく、現地にも同行したのです。

このような改革を引き継ぐ韓国維新後の皇帝も、民の前に姿を見せられるのですから、景福宮が朝鮮総督府新庁舎で隠れ、敷地外から見えにくくなる影響など、当時は考えに入れることもなかったのです。

官幣大社朝鮮神宮

大正9年（1920年）5月27日地鎮祭、翌10年6月10日釿始祭《ちょうのはじめ》と、祖父母が送り込まれた時期から、本格工事が始まった朝鮮神宮。

大正14年（1925年）10月15日、鎮座祭（正式に神様に神殿にお入りいただいた日）をもって完成となりました。

東京帝国大学名誉教授工学博士伊東忠太氏の手によって設計され、南山の地形を利用して造られた面積8200坪の広い境内、地上より繋ぐ384段と長く傾斜のきつい階段が特徴で、先に造られた帝都東京の明治神宮より高い場所にありました。

そのため、神殿は神明造でありながら、神宮全景は別の顔を持つという、漢江側に、三角形を形成する3施設のなかで、最大の秘密をもっていたものとなります。

この神宮も、朝鮮総督府新庁舎同様に、ほとんどの歴史書では、朝鮮守護のため、国家神道を掲げた日本によって造られたという、紋切り型の説明がされているかと思います。

これも、当然のことながら事情を知っていた人たちに、詳しい調査をして考察されたものではありませんので、建立の意味が、まったく違うものとなってしまっています。

朝鮮神宮は、今まで書いてきた「韓国の維新」という大きなテーマに沿って進められていた、極秘計画の中心になるものでした。

表參道　大階段花崗石造　幅四間　總階段數三八四。大鳥居高三七尺二寸　柱內法二六尺四寸　鐵筋コンクリート造花崗石擬石[illegible]小叩仕上

官幣大社朝鮮神宮　朝鮮京城府南山

御祭神　天照皇大神
明治天皇

大正九年五月二十七日　地鎮祭
同　十年六月十日　釿始祭
同　十三年四月三日　上棟祭
同　十四年十月十五日　鎮座祭

境內地は南山中腹を平均して西北に面し、其の面積約八千二百坪。

周圍十一萬坪は內苑とし、其の外方約十萬坪を外苑とす。

境內玉垣內は上中下三段とし、玉垣外には上中下三段の廣場あり、石階段による表參道の他東西の二參道あり。

正殿・神庫・祝詞舍・瑞垣門・拜殿・神饌所、神符守札授與所・手水舍・祭器庫・瑞垣・勅使殿・社務所・參集所・鳥居四基・燈籠多數、段玉垣・石垣・石階段等あり。

總工費　一、五六四、八五二圓。

二三

▲伊東忠太建築作品（昭和16年・1941年）より朝鮮神宮
（国立国会図書館ウェブサイトより）

この施設は、景福宮を頭とした龍の形の見立てでは、龍が握る宝玉に位置していました。それゆえに、ここは最も高い場所であり「高天ヶ原」を再現した場所と言われていて、地図では景福宮より下に位置していても、この高さによって次元が違う、特別な扱いになっていたそうです。

そして、この場所において、李王垠殿下の新韓国皇帝就任式典が行われる予定だったのです。朝鮮神宮は、新しい韓国と、それを統べる皇帝の誕生の式典会場であり、神殿にて、祭神である天照大御神と明治天皇に即位の報告と、これからも日本と力を合わせて国造りに励むこと、「まだ自分も、自分の国も独り立ちはできかねる、今まで同様、日本の後見をお願いしたい」との発言をしていただくことで、韓国に方子さまを嫁がせた日本が、韓国の政治に関与し、軍を置き続ける対外的な口実にするつもりでした。

李王垠殿下に、留学中に陸軍士官学校にお入りいただいていたのも、安全保障の重要性を理解していただき、すべては名目上韓国を独立国にしても、日本の防衛に重要である朝鮮半島での日本軍の駐留に、支障をきたさないためだったのです。

併合され、日本の植民地と誤解されることの多かった朝鮮半島を、日本自らの手によって基礎的な近代化を施したあとに、独立国韓国に戻す。

緊急時の軍の韓国内の移動・展開の許可を、皇帝より速やかに得るためにも、岳父になられる方子さまの父親、梨本宮守正王が陸軍士官学校の第7期生、李王垠殿下が第29期生という先輩後輩という関係もまた、韓国皇帝に日本の要望を断りにくくさせて、承諾していただくために有効なものとされていたそうです。

この前代未聞の事例をつくり、世界に示したあと、ここ朝鮮神宮を降りられた新皇帝に、京城駅にて待機させておいた特別列車にご乗車いただき、ご自身の国を視察していただく「巡幸」の段取りまで予定されていました。

龍山駅にて特別列車を準備。式典終了まで、そちらで待機させておくことで京城駅をふさがず、緊急時の軍用列車の通過を妨げずにできる手はずでした。

これにて「内鮮一体」が完成する。そのための重要な役割も持っていた施設だったのです。

▲古代出雲大社復元模型写真

朝鮮神宮写真では、南山の神殿は奥に造られているため見えませんが、特徴ある高さとそれを繋ぐ長く勾配のきつい階段が、戦後取り組まれている古代出雲大社復元模型と見比べると、似ていると思います。これは、どちらも同じ図面を参考にしているからです。

「朝鮮民族は『出雲民族』の流れであり、その王たる一族は須佐之男命《スサノオノミコト》の末裔である。ゆえに代々出雲国造に伝わっていた絵図『金輪御造営差図』を参考に取り入れ、永きにわたり離れていた天照大御神の一族たる大和民族（日本）と須佐之男命の一族たる朝鮮半島に住む出雲民族（朝鮮）が再び一つになる『内鮮一体』を完成させる式典会場として朝鮮神宮を造る。

それは、国譲り（韓国併合）からの再度の国譲り（韓国独立）かつ天孫降臨（結婚されて天《あま》津《つ》神の一族になられた李王垠殿下の皇帝の就任）を行うことになり、神代の昔に、出雲を譲られた大国主命《オオクニヌシノミコト》（須佐之男命の系譜）が出雲大社に祀られたのと同じく、国を譲る側になられる天照大御神をご祭神とし、さらに、明治維新の象徴であり、韓国皇太子留学をご許可された明治天皇陛下をお迎えして、高天ヶ原を再現した南山山頂より、朝鮮半島の発展を末永く見守っていただく。

新韓国の建国（維新の成功）をもってこれを興亜《こうあ》（明治維新を奇跡として終わらせず天皇陛下のもとで西欧に虐げられているアジアの解放発展を我ら日本がなすの意味）の旗とする」

これが、大多数の国民に伏せられたまま進行、東京の最上位の人たちと、満州、朝鮮の一部の官吏や特別任務に当たっていた人たちのみが共有していたものでした。

「興亜構想」は昭和に入ってから「大東亜共栄圏構想」と、さらに拡大される前のものであり、私の周りの父稔や伯母千枝子などの、戦後、京城から引き揚げてきた日本人の集まりのなかで、いくどとなく過去にあった思い出話として、話されていたものを繋げたものになります。

朝鮮神宮に祀られた天照大御神は女神（機織《はたお》り姫）であり、須佐之男命は男神になります。ここにも、愛し合うものが一度別れて再び出会うという「七夕伝説」が隠されていました。そして、「二柱一体（七夕伝説）」がそれぞれに隠された3つの施設を結ぶと、7月7日の夜空を飾る星座が現れるようになっていたのです。

この施設の建設時期に、詳細を知らない神道関係者が、檀君《だんくん》（須佐之男命と同一視されていた朝鮮半島の祖霊）を祀るべしという、はた迷惑な運動（朝鮮神宮祭神論争）を起こしますが、朝鮮総督府は、その提言を受け入れませんでした。

檀君を祀ってしまえば、須佐之男命の末裔とみなされた新韓国皇帝が、長い階段を上り、永きにわたり離れていた愛し合うもの（天照大御神と須佐之男命）が、ここ、高天ヶ原にて再び一体になるという、感動すべき式典が台なしになるからでした。

また、国家事業であり、すべての事柄は東京（国）で決められていました。

明治維新の中心地である東京の明治神宮の建立の際にも、大正天皇の裁可をいただいているのです。上意下達が徹底されていた時代に、国の一機関に過ぎず、日本の古いことがらに疎い朝鮮総督府の官吏が勝手に日本海を渡って、天照大御神と明治天皇を南山にお迎えすることなど、決められるはずがありませんでした。

このこともまた、大正天皇と皇族の方がたの許可をいただいて初めて実行される重要なものだったのです。

「雲太、和仁、京三」、平安時代の「口遊《くちずさみ》」に謡われた、当時の大建築物の大きさの順位。三番目の京都御所（平安京）大極殿、二番目の東大寺大仏殿をしのぐ、一番高い場所にあり、一番大きな建造物だった古代出雲大社。

その伝承を疑うことなく取り入れて設計され、先に建立された明治神宮よりも、高い場所、

▲出雲大社にて母と私

大きな敷地を持っていた朝鮮神宮。

平成12年（2000年）出雲大社の調査で、八足門《やつあしもん》前より御柱が発見され、巨大建造物が歴史的事実と確定する80年ほど前に、日本の歴史とともに生きる「天皇」が許可された、内鮮融和のための建造物でした。

「お前も10月（神無月）生まれだし、国が見合いをさせたと言っても、親父とお袋の縁も大国主命が結んだようなものだから、なにかと縁の深い神様に、二人あの世で揃ったときに参拝するのもよいもの」と、祖母千代子の死去後、先に眠る祖父靖国が待つ鳥取への納骨の際に、出雲大社に詣でた写真になります。

このときに、朝鮮神宮が古代出雲大社の絵図面を参考にしていると、父が教えてくれました。

また、なにか本殿を含めて、いろいろとほかの神社とは異なる仕掛けがあると、祖父から教えてもらった話を、手振りを交えてしてくれましたが、残念ながらその部分は失念してしまいました。

そののち、ほかの引揚げ者の方から、応仁の乱で乱れた京都から難を逃れ、地方に庇護を求めた貴族や学者を招いたことで、独自の文化を築いた戦国大名の今川義元と大内義隆の話をうかがう機会がありました。

この両大名の所領に、当時までに古くから研究されていた古事記や日本書紀、風土記などが伝わったことで、明治時代からの対朝鮮半島政策の中心に「出雲の国譲り」が使われたとのことでした。

今川義元の配下の武将として教養を修め、豊臣秀吉の始めた朝鮮出兵を止め、朝鮮使節団を迎えたのが、江戸幕府を開いた徳川家康となります。

その徳川家の天下を、大政奉還（国譲り）したのが15代将軍徳川慶喜。この最後の将軍出身の水戸藩で生まれた、尊王思想の水戸学に影響を与えた、国学の祖である賀茂真淵を生んだ土地が、もとは今川家の所領であった遠江（静岡県）でした。

尊王攘夷運動で、遠江の神職の人たちが江戸に多く入ったあと、明治維新（天孫降臨）が行われ、都が京から江戸に移り、東京となりました。

そのまま、この地の神社の神職として務められ、多くの方が故郷に戻らず留まったそうです。

その一つが、維新後建立された靖国神社でした。

さらに、明治新政府で権勢をふるった旧長州藩（山口県）一帯は、毛利家以前は大内家の所領でした。大内義隆は自ら、その出自を朝鮮半島の一族と名乗り、交易の権利を持つ朝鮮商人を介して、明（中国）との貿易で財を成していました。そのため、京の都より自領に招いた貴族や、学者の欲しがる大陸の書籍を、貿易かたがた取り寄せていたこともあり、日本の古い伝承と大陸の伝承が伝わっていました。

明治維新以降に、西欧のキリスト教の布教を先兵とした植民地政策に対抗するため、一般国民に、それまでの「くに」を自分の藩のレベルから、日本列島という大きな国土の認識と、その日本の神は天皇であるという意識を持たせるべく、国家神道につくり替えられる前の、同じ古い伝承をもった、京都、山口、静岡一帯の有識者が、徳川家の築いた江戸（東京）に集まったことで、できあがった計画とのことでした。

日本古来の歴史認識に基づく計画

須佐之男命が、天照大御神に高天原を襲うつもりなのではないかという誤解を抱かれ、それを解くために、高天原を流れる天安河《あめのやすのかわ》を挟み、互いに、宇気比《うけい》（誓約）を行い、三柱の女神と五柱の男神を生んだ話になります。

疑いが晴れたあと、五柱の男神は天照大御神の子供に、三柱の女神は須佐之男命の子供となりました。五柱の内、天之菩卑能命《アメノホヒノミコト》の子供の建比良鳥命《タケヒラトリノミコト》が、出雲国造《こくぞう》や遠江国造の祖となりました。

出雲国造は、出雲大社のある島根県や、祖父靖国の出身地である鳥取県に縁があり、遠江国造は、伊藤博文暗殺後に韓国併合が行われたのちの、明治44年（1911年）李王垠殿下の別荘としてあてがわれた、楽寿園があった静岡県に縁があります。

楽寿園は、明治維新時の戊辰戦争功労者の小松宮彰仁《あきひと》親王の別邸だったものが、併合により国譲りを行った形になった、韓国の皇太子の別荘とされたものです。留学中の李王垠殿下が、自身の別荘地を選べるわけもなく、大政奉還を行ったあとに、徳川慶喜が駿府に退いた事例同様、この別荘の件も、国譲りを行った大国主命の子供である事代主神が伊豆下田にこもった例にならい、国によって図られたものでした。

また、楽寿園側の静岡県にある浅間神社は、富士山を挟む祖母千代子の出身地山梨県にもあり、祭神は国譲りののちに天孫降臨を果たした瓊瓊杵尊と結婚した木花咲耶姫となります。

そして、天照大御神と須佐之男命が対峙した「天安河」が「天の川」と解釈され、日本と朝鮮半島を隔てる日本海や漢江がそれに当たるとされたのです。

汝心之清明。何以知。於是速須佐之男
命答白各宇氣比而生子。自宇以下三字以音下效此
故爾各中置天安河而。宇氣布時天
照大御神。先乞度建速須佐之男命所
佩十拳劔。打折三段而。奴那登母母由
良爾。此八字以音下效此振滌天之眞名井而佐
賀美爾迦美而。自佐下六字以音下效此於吹棄氣

古事記上

五三

▲古訓古事記（昭和３年・1928年）より「天安河の宇気比」
（国立国会図書館ウェブサイトより）

古事記によると、天安河の一件のあと増長した須佐之男命が、機織り部屋に天照大御神が坐している最中に、逆剥ぎにした馬を落としたため、そばで機を織っていた織女が、突然の事態に驚き死んでしまい、天照大御神は怒り「天の岩屋戸のおこもり」が起きました。

そして、解決後に須佐之男命はその罪を責められ髪を切られ、手足の爪を剥がされ高天原追放となりました。この天照大御神との別れから、須佐之男命が朝鮮半島に流れ着いたという話があり、朝鮮半島のいくつかの場所に、その館があったという伝説が残っていました。

このことは、大正2年（1913年）に発行、大正12年（1923年）に訂正再販された、出雲大社宮司千家《せんげ》尊福《たかとみ》氏の著作『出雲大神』の素鵞《そが》神社にも書かれています。

「本社（出雲大社）の荒垣内、本殿の後北、即八雲山の麓にあり、祭神は須佐之男神なり、此神は伊邪那岐神《イザナギノミコト》の珍御子《ウズミコ》三柱の中の一柱にて、天照大御神の御弟にませり、御父伊邪那岐神は天照大御神に高天原、月讀《ツクヨミ》神に夜の食國（日神に並びて天上の事を治むともなり）須佐之男神に青海原を事依したまひしも、此神は海原を治むることを欲せず、御母伊邪那美《イザナミ》神の坐す、根國に行かむと思ひ立ちたまひて天上に昇りて、天照大御神に、其由を申さむとしたまひしに、神性勇健にませば、天照大御神、甚く怪しく思はしませるによりて、私心なきことを明かにせむとし、天安河にて、誓をなしたまへり、此時三女五男の神を生みたまひて、清さ赤き御心の知られたる後、勝さひに荒ひまして、天より降りまし、出雲國肥河上にて蒼生に仇なす八岐《ヤマタノ》大蛇《オロチ》を討平らげ、其尾中より一の名劒を得給へり、命此劒は私に用ふべきにあらずとなし、之を天照大御神に獻れり、（之れ即ち草薙劒にして三種の神器の一つなり今官幣大社熱田神宮に斎ひまつり又大蛇を斬たまひし劔は蛇麁正《オロチノアラマサ》といひて今の官幣大社石上神社に蔵めまつれり）又此神御子五十猛神《イソタケル》を率ゐて新羅國曾尸茂梨《ソシモリ》の處（処）に降到り給ひしが、興言して此地には吾居ることを欲せずと、埴もちて船を造り、東海を渡りて、出雲國に着きたまひ、韓國には金銀あり、吾兒の治めまさむ國に、浮寶即船なくては、佳らしと、八十木種を播きたまひ、其御子五十猛神韓國の地には殖ずとて、筑紫より始めて大八州國の内に、殖生したまひしことあり、かくて此神は天の壁立限とて大地の極を見廻り、御父神の事依したまひし、治國の事に、御心を注かせたまひ、御子神に命じて、種々の事をもなし、遂に早くより思はせるが如く、根國に出まし、後大國主神に吾女須勢理比賣命《スセリビメノミコト》の嫡妻として、八十神を討平らげて、大國主神となり、また顯國魂神《ウツシクニタマノカミ》となりて、宇迦の山本に居れと命し、國造りの事を譲りたまへり、又新羅、高麗、北見の國土を割きて、出雲國を造りたまへる、八束水臣津野神《ヤツカミヅオミツクノミコト》は、此神なりともいへり、出雲國熊野神社（國幣中社）に、鎮り坐すも同神にて、國造遠祖天穂日命《アマノホヒノミコト》の大國主神の祭主として、仕奉れる時に、燧臼燧杵《ひきりうすひきぎね》を授けたまへることもありて、今も國造の火繼式は、此社に参りて執行ひ、又毎年十一月の新嘗祭《にいなめさい》には、此社より燧臼燧杵を、出雲大社また國造のもとに贈る古例なり」

高天原から須佐之男命が降りたとされる、新羅国の曽尸茂梨がどこにあったのかは、現在でも議論が続いているようですが、有力候補地の一つが京城でした。そのほかに、済州島や江原道の牛頭山、咸鏡北道の白頭山に、曽尸茂梨はあったのではないかと考えられていました。

当時の日本は、候補地の一つである京城の一番高い南山に、大国主命の国譲りののちに建てられた、古代出雲大社の姿を取り入れた神宮を建立し、日本（大和民族）の併合政策は、朝鮮半島に住む出雲族の国造りを手伝うだけで、朝鮮半島を奪いに来たのではない、ひと通りの朝鮮半島の近代化が終われば、韓国皇帝に返す「大和の国譲り」であることを示そうとしていたのです。

天安河（天の川）に見立てられた漢江側に、三角形を形成する3施設、朝鮮神宮の設計者伊東忠太氏の出身地が山形県であり、古事記においては須佐之男命に討たれた八岐大蛇の生地である越国《こしのくに》であったこと。

京城駅の設計者塚本靖氏が、京都府、朝鮮総督府の壁画「羽衣」を描かれた、和田三造氏の出身地兵庫県が、京都府の丹後同様に、朝鮮に伝わる羽衣（七夕）伝説と同じ豊受大神の羽衣（七夕）伝説の伝承地であったこと。

これら3施設の無事の完成と韓国の維新成就を祈願する意味として、7月7日の七夕の日に結婚させられ、京城駅担当として送り込まれた祖父豊田靖国が、縁結びの神でもある大国主命と、白兎の伝説で有名な鳥取県の出身であったのも、「出雲」と縁の深い場所から選ばれていたからでした。

そして、この「出雲」は、明治40年（１９０７年）の嘉仁親王韓国訪問の時点で意識されていました。

『出雲大神』の第七節 神集ひにはこう書かれています。

「毎年十月諸國神々の出雲大社に参集すとは、古来の傳説にして、十月を神無月といふは、此の神集の爲め、諸國の神社に神々坐さゞるを以てなり、されば一般に十月を神無月と云も、單（単）り出雲のみは神在にして神在月と稱（称）せり、大國主神は國づくりの後、顯事（顕事）を皇孫命に譲らせ給ひ、幽冥の主宰となりて、幽事の大本を統治し、國々各所の國魂神、産土《ウブスナ》神《ガミ》等を派遣して治め給ひたるものにして毎年十月に之等地方の神々を参集せしめ、其年に治め給ひし諸事の報告及び来年の事共を、命令或は協議せしめ給ひたるなり、その状恰かも現時の地方長官等が中央政府に集り、或は命令を受け、或は報告奏問し、或は協議をなすと一般なりしなり」

中略

「大社にては毎年十月には諸國の神々参集の時なれば、十一日より七日の間は御齋《おとき》と稱して、國造は勿論神職及び一般人民に至るまで物忌《ものいみ》して身を愼しみ、攝社《せっしゃ》上宮離宮と稱す、俗にかりの宮といふは、諸神の集りたまふ所とて、祝部《はふりべ》日夜勤仕し、十七日には諸神等各々其の國々に歸り給ふとて、神等去出祭を行へり、此夜には上官杵にて、大社の八足門の扉を三回叩き『オタチオタチ』と呼ぶ古例あり」

嘉仁親王韓国訪問は、明治40年10月と神無月（出雲大社では神在月）であり、韓国皇帝と京城にて会談されたのが17日ですから、きちんと、出雲大社にとって重要な日付けを選んでいるのがわかります。すでにこの予定が組まれていたのでしょうから、先んじて、同じ明治40年（1907年）の5月に、鳥取・島根の嘉仁親王による出雲大社参詣を含む山陰行啓が組まれていたのです。

日本の一大方針に沿って、朝鮮半島に住む出雲族に会いに行く。この成否は、今後の国の外交や安全保障政策にも重大な影響を与えるのですから、その前に、朝鮮半島の出雲族にも関係が深い出雲の神であり国津神の大国主命のもとに、日本（大和）の神であり、天津神の天照大御神の子孫である明治天皇の代理として嘉仁親王が参拝されたのです。

この山陰行啓後に行われた渡韓だけが、明治天皇が許された唯一の嘉仁親王の外国訪問だったことをしても、いかに重要視されていたかがわかります。

このように、明治天皇在位中から別れた神（天照大御神と須佐之男命）の一族が再び元の関係に戻り、日本海を挟み、島国の日本と大陸側の韓国両国が、手を取り合って国難を取り除くという「内鮮一体」へ向けた準備は、水面下で行われていたのです。

元・京城元町公立小学校沿革史

一、明治三十六年二月、京城日本警察署龍山巡査駐在所の一部を仮校舎に充つ。児童数僅かに七名なり。之れ龍山小学校の濫觴にて元町小学校の前身なり。

一、明治三十七年九月、龍山総代役場の一部を校舎の一部に充つ。児童数十五名。

一、明治三十八年十一月、印刷局用地の一部を借入れて校舎を建築し、公立龍山小学校と称す。児童数二十七名。

一、明治三十九年九月、一教室増築。男四十、女三十七名を二学級に編成す。

一、明治四十年四月、仮校舎三教室を増築し高等科一、二年を併置す。十一月更に元町二丁目に二教室の借家をなし、三百四十八名七学級に編成す。

一、明治四十一年二月、大韓婦人会附属蚕業所を借り受け、児童数三百六十名八学級となる。

一、明治四十一年三月十六日、在外指定学校となる。

一、明治四十一年度より義務教育年限延長の結果、六学年に加ふるに高等科を併置せり。四月の新入児童百七十四名の多きに達せるを以て鉄道管理局龍山出張所構内元陸軍倉庫二棟を借りて仮教場とす。

一、明治四十二年十一月一日、漢江通の新築校舎落成式及御真影拝戴式を挙行す。この時此校舎を龍山尋常高等小学校の本校とし元町の校舎を分教場となせり。当時十七学級八百六十四名、職員十八名となる。この分教場は実に元町小学校の濫觴なり。

一、明治四十四年に入りて児童数の増加甚だしく、旧龍山の児童到底分教場に収容の余地なきを以て九月文平山麓の地を開拓して校舎新築の工を起し年末に至りて工を竣り、十二月二十二日京城居留民団立元町尋常小学校設置の件認可され、同日釜山尋常高等小学校長鈴木総次郎龍山尋常高等小学校訓導兼校長に任ぜられ元町尋常小学校長を兼任す。

一、明治四十五年一月三十日、新築落成式並に開校式を挙行し、京城元町公立尋常小学校と指称せらる。

一、明治四十五年五月二十日、勅語謄本を下附せらる。

一、大正元年八月二十四日、大分尋常高等小学校長伊藤幾太学校長に任ぜらる。

一、大正二年十一月一日、龍山小学校の高等科を本校に移し、現名に改称す。時に十六学級、七百二十名、職員十九名なり。

－ 1 －

▲京城元町公立小学校沿革史

一水面上ノ高　一丈
一水深　大低潮時八分ノ一尋
一方位　該浮標ヨリ測定セル磁針方位
月尾島△ハ北八度東
糞島△ハ北八十二度二十分東
納島△ハ南六十八度東
（水路部出版第三百二十三號海圖）

朝鮮總督府告示第三百七十六號
大正二年十一月一日ヨリ京城龍山公立尋常高等小學校ヲ京城龍山公立尋常小學校ニ、京城元町公立尋常小學校ヲ京城元町公立尋常高等小學校ニ改稱セリ
大正二年十一月二十二日　朝鮮總督　伯爵寺内正毅

朝鮮總督府告示第三百七十七號
大正二年十一月二十一日左記公立小學校ノ設置ヲ認可ス
大正二年十一月二十五日　朝鮮總督　伯爵寺内正毅
學校名　德川公立尋常小學校　位置　平安南道德川郡郡内面官西里

朝鮮總督府告示第三百七十八號
大正二年朝鮮總督府告示第百二十五號日滿聯絡運輸旅客及手荷物賃率規則第一編賃率適用規則中左ノ通改正ス
大正二年十一月二十五日　朝鮮總督　伯爵寺内正毅
第十三條一(ロ)中「驛宛トシテ」ヲ「驛宛又ハ此等ノ驛ヨリ」ニ改ム

▲官報第405号（大正２年1913年12月３日）
学校沿革史「大正二年十一月一日、龍山小学校の高等科を本校に移し、現名に改称す」の記載通り、大正二年十一月二十二日、朝鮮総督府告示第三百七十六号として大正二年十一月一日より京城元町公立尋常高等小学校に改称を初代朝鮮総督寺内正毅名で許可記載　（国立国会図書館ウェブサイトより）

第三章

逢魔が時

始まっていた戦い

これは、私の父稔が、昭和15年（１９４０年）第35期生として入学した、京城龍山地区の元町一丁目にあった小学校の沿革史になります。

明治36年（１９０３年）２月に活発化した朝鮮近代化事業のため入植した日本人の児童７人のために、自主運営によって開校（正式認可は明治44年）してから、大東亜戦争（太平洋戦争）終了後に、アメリカの指示によって昭和20年（１９４５年）９月24日に関係者立ち合いのもとで朝鮮側に引き継がれるまで、歴代校長が記録したものを日本に持ち帰り、最後の学校長山本勝大氏が総まとめしたものです。

引継がれた学校は、現在も同じ場所に残っています。お手元のスマートフォンやパソコンなどを使いＧｏｏｇｌｅマップに、ソウル南汀小学校（Namjeong Elementary School）と入力されればすぐに確認できます。

その場所からすぐ下の、鉄道の施設が龍山駅と呼ばれていた駅やその右側に広がる広大な土地が、旧大日本帝国領朝鮮半島守備の要、朝鮮軍司令部と、第20師団などが置かれていた軍事施設になります。

ぜひ、昭和９年（１９３４年）の地図と見比べてください、日本領時代の面影が残っているのが感じ取っていただけるはずです。

そして、59ページの沿革史や龍山一帯の地図は、日本のマスメディアや学者、弁護士が、公正な調査、報道をしていれば、みなさんに届いていないとおかしい資料でもあります。

なぜならば、ここが１９９０年代に入り、急に朝日新聞社によってキャンペーンを張られ既成事実化されてからのち、朝鮮半島に住んでいた日本人の抗議を無視し、犯罪者のレッテルを貼ってきた、野党を中心とした一部の国会議員や学者、弁護士たちがしつこく韓国側と連携し騒ぎ立てている、朝鮮総督府と日本軍が「強制連行した慰安婦運び出し」を行ったとしているおもな輸送現場になるからです。

当時の生活実態や地図は、相手側の証言通りのことが行えたのかどうかを検証するうえでも欠かせないはずです。このような資料や地図は「従軍慰安婦強制連行問題」の議論の際に、使われ知られていて当然なのですが、おそらく、みなさんは初めて目にしたのではないでしょうか。

なぜならば、総督府と軍、輸送として鉄道が関与していた疑いなのですから、京城で暮らしていた日本人、そのなかでも龍山一帯（軍司令部、満州鉄道施設、朝鮮総督府鉄道局、民間事務所、日本人住宅街がありました）の実態調査が必要なはずですが「従軍慰安婦強制連行問題」が朝日新聞社によってつくり出されて以降、日本政府、マスメディア、日弁連、大学研究機関などが、そのような大掛かりな聴き取り調査を行った話が存在しないからです。

龍山にあった軍司令部を囲むように、京城龍山公立尋常小学校（明治38年・１９０５年・11月創立）、京城元町公立尋常小学校（明治44年・１９１１年・12月創立）、京城三坂公立尋常小学校（大正８年・１９１９年・４月創立）、龍山公立中学校（大正７年・１９１８年・４月創立）、京城第二公立高等女学校（大正11年・1922年・5月創立）と、5つの学校が、大東亜戦争（太平洋戦争）終了まで経営されていました。

昭和12年（1937年）時点でのそれぞれの児童数は、龍山小で1793人、元町小で1910人、三坂小で1964人、龍山中で1075人、第二高女で1103人となっていました（※数字は『京畿道の教育と宗教』より）。

ちなみに、伯母千枝子も父稔も、同じ京城元町小学校に通ったのですが、昭和16年（1941年）、4月1日時点で在籍児童数1832名、学級数31学級、教職員数35名（元町小沿革史）となっていました。

これらの学校施設に通っていた子供や家族は、のちほど説明しますが、諸事情により、日本に引揚げてから自分たちで安否確認を行わなければならず、その関係で、昭和20年代から交流がありました。

元町小の場合は、次第に生活の安定、交通事情の改善・発展が進むと、入学年度を越えた京城元町小学校同窓会（昭和46年・1971年5月より平成13年（2001年）9月まで開催、最終参加者150名）と、各入学年度ごとの集まりや、個別近隣に住んでいた住民の集まりが、年に数回行われるようになっていました。

また、京城元町公立小学校同窓会第一回ソウル訪問旅行（昭和48年・1973年・5月3日～6日、参加者63名）を始めとして、引継がれた南汀小学校に訪問もして、当時の韓国の学校長や教育関係者とも会い、有志によって買われた学用品の寄贈なども行っていました。

このようなことから、聴き取り調査をしようとして、できなかったということはありえませんでした。世に隠れて集まっていたわけでもなく、大家族の時代ですので、兄や姉に話がくれば弟や妹に、弟に話がくれば姉や兄につないで、すぐにでも数百数千の人間に当時の生活の状況や、自身や各親の仕事についても確認が取れたのです。その仕事のなかには、朝鮮半島近代化の秘密に関わるものも多数あったのです。

しかし、私の伯母や父存命中も、おのおの所属していた同期会や、同じ地域で住んでいた引揚げ日本人の集まりを通しても、一度たりとも、資料提供の呼びかけすらありませんでした。

また、さまざまな人の繋がりもあり、アメリカで少女像設置にまつわる「グレンデール裁判」を戦われた目良浩一氏（父稔と同じ昭和8年京城生まれ）は、京城三坂小学校と学校は異なるものの、京城元町小学校の、父の同級生の一部の方たちとは連絡を取り、「従軍慰安婦強制連行問題」に当時関係したり、目撃したりしたものが日本側にいないことを、広く確認されて裁判を起こされていました。

しかし、公共放送であるＮＨＫを含めて、大手のメディアやジャーナリスト、日弁連弁護士、日韓問題の専門家は、しっかりとした調査も行わず、当時、朝鮮半島で生活していた日本人側が、どのように暮らしていたのか、なぜ否定しているのか、詳細を、生の声を、国民に伝えるということをしてくれなかったのです。

わけ知り顔で話す学者や弁護士、ジャーナリストが何を根拠に話しているのかが、当時そこに住んでいた日本人が一番わからないという、前代未聞の、報道という名の悪意ある偽物の情報・フェイクニュースが、繰り返し流されていったのです。

さらに、日本の対朝鮮半島政策の基本になっていた「興亜主義」に触れることすらなく、「従軍慰安婦強制連行」を否定することが、まるで排他的な民族主義的行動であるかのようなレッテル貼りや、戦前の日本を無条件で賛美する目的で行動をしているかのような、決めつけをする報道も続き、世論を誤った方向へ誘導していったのです。

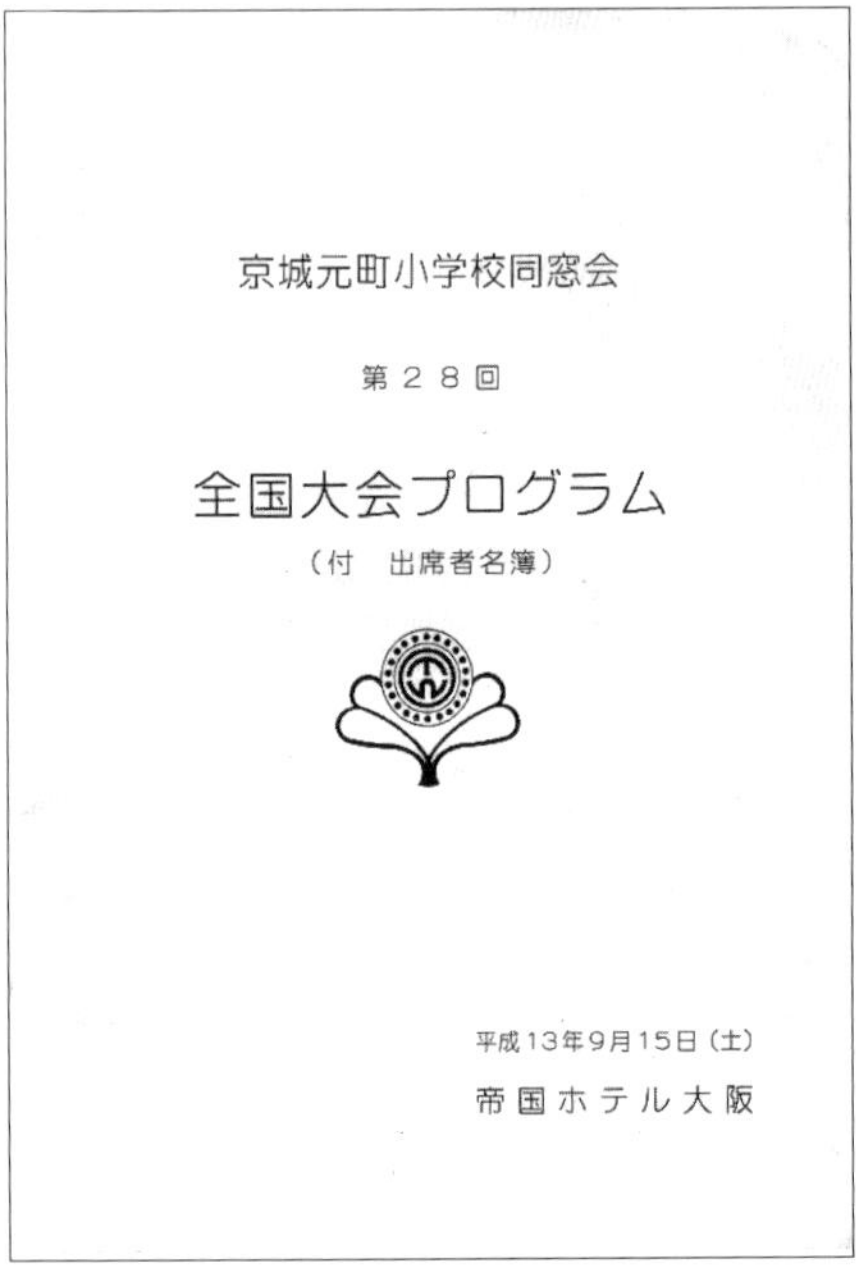
京城元町小学校同窓会

第２８回

全国大会プログラム

（付　出席者名簿）

平成13年9月15日（土）

帝国ホテル大阪

▲校章の入った最後の京城元町小学校同窓会のプログラム

テレビや新聞で具体的な証拠を示さず、朝日新聞社の記事や韓国側のあいまいな証言者の話に沿って、「従軍慰安婦強制連行問題」を言い立てていた学者やジャーナリスト、弁護士、さまざまな肩書のコメンテーターが一人も調査にこないなかで、１９７１年から30年続いた元町小学校全国同期会は、平成13年（２００1年）をもって幕を閉じました。
当時、きちんとした調査をしていれば、プログラムにも、現住所と終戦時に住んでいた京城の住所が併記されており、各個人がどこに住んでいたのか、両親は、当人は、どんな状況だったのかを、当時の地図を使って、その場で確認することができました。

終戦時に、内地・外地ともに資料は破棄されたり、紛失していることはわかっていることです。そこに住んでいた日本人に確認を取らずに、韓国側の証言とわずかな資料だけで調査をしたなどということは許されるはずはありません。

また、きちんとした調査ファイルを作成しておかなければ、証言者が、長い年月で記憶違いを起こしている可能性もあるのです、その他の証言者の情報とのすり合わせや、新たな証言が出た際の検証作業にも必要だったはずです。

令和2年（２０２0年）5月になり、韓国において、この問題の中心的な証言者が、自分は慰安婦ではなかったと話し、それが事実と確認されたそうですが、もともとそんな強制連行話は、当時の日本側の事情から存在するはずはないと、引揚げ日本人側は否定していたことでしかありません。

その声に対して聞く耳を持たなかったのは、日本の教育関係者やマスメディア、日弁連弁護士だったのです。

地図下を流れているのが漢江になります。漢江に日本が架けた漢江鉄橋を渡った、京城の最初の駅が龍山駅になり、車両基地も兼ねていた大きな施設でした。

▲朝鮮旅行案内記（昭和９年・1934年）より 朝鮮京城府西南部市街図 （国立国会図書館ウェブサイトより）

そのため、列車の往来を妨げずに作業ができるため、日本から入った機材や資材などはここで降ろされ、京城（ソウル）の近代化に使われました。

近代国家韓国に必要な教育機関として、大正期に開校した東京帝国大学を模して造られた京城帝国大学（現ソウル大学）などの教育施設に必要で、海外から買い付けてきた研究用設備、洋書類も40キロほど離れた仁川港から陸揚げされ、鉄道にてここまで運ばれたあとに納められました。

漢江に近い土地は、終始氾濫を警戒しなければならない場所でもあり、龍の見立ての通り古くから、土地の等級では下（尻尾）に位置していました。そういうこともあり、この一帯が、明治期に入植した招かれざる客の日本人用に、当時の韓国から割り当てられたのです。それが次第に、日本側の治水工事や整地によって、日本軍施設だけではなく、鉄道関連施設や各種民間事務所、住宅が広がる日本人街になっていったのです。路面電車やバス、タクシー事業者も営業を行い、朝鮮総督府庁舎や京城大学、公的施設で働く人もこの一帯に多く住んでいました。

また、龍山駅が軍司令部に近いことから、日本から兵役で上がってきた人たちが出頭、部隊に配属される場所であり、これから兵役に就く緊張感にあふれた顔つきの一般人と、朝鮮半島だけでなく満州方面からも鉄道で戻った、無事役目を終えて晴れがましく故郷に帰る、元日本兵の交差する場所でもありました。

大東亜戦争（太平洋戦争）開始から戦況が悪化、本土同様配給制になるまでは、京城駅周辺の南大門から広がる繁華街の、京城三越や三仲井などのデパートや明治座、京城宝塚劇場、洋食店、甘味処で、厳しかった軍隊生活からの開放感から、映画や芝居を観たり、食事を楽しんでから日本本土へと戻る人も多かったそうです。

そのため、龍山一帯が最も併合時代の朝鮮半島を知る日本人がいた場所と言っても過言ではないのです。

地図の中央●が元町小学校の場所になり、そこから右に向かって龍山小、第二高女、三坂小、龍山中となります。龍山小から右側、第二高女から下部分が朝鮮軍司令部を含む軍施設となっていました。

この地図は昭和9年（1934年）のものですので、上のほうには完成した京城駅、その右の南山には朝鮮神宮が姿を現しています。

一、大正六年十二月、倉庫を移転し裁縫室、唱歌室を増築す。

一、大正七年十二月五日午前一時二十分頃、本校第一館東部より発火、雨天体操場、及之に連接せる二教室、倉庫一棟を残して全部烏有に帰す。当日午前五時頃鎮火。学校長鈴木志津衛御真影の奉遷せられたるを知らずして奉安所前に至り、遂に壮烈なる死を遂ぐ。御真影、勅語謄本は当夜宿直員木川訓導に依りて奉遷せらる。

一、大正七年十二月九日より尋常四年迄は本校焼残りの二教室及雨天体操場に、尋常五、六年は龍山小学校雨天体操場に、高等科

▲京城元町公立小学校沿革史より
大正7年（1918年）12月5日の学校の火災の記録

学校沿革史中、大正7年（1918年）12月5日の深夜に、学校が朝鮮人の放火（犯人が捕まったかは定かではなく疑念として話されていたものです）により、突然大火に包まれた記録になります。午前1時20分ころに起きた火災は、4時間近く学校を焼きました。

そして、この火災で鈴木志津衛校長が、奉安所前にて殉職するという一大事件となったのです。

先の地図にあるように、この学校は日本人住宅街にあり、軍の施設にほど近く、警備の眼が行届いているはずの場所でした。それにもかかわらず放火をされ、奉安所が焼け落ちたのです。

奉安所とは、大東亜戦争（太平洋戦争）終了まで、学校施設において最も重要な管理が義務付けられていた施設であり、そのなかには、教育勅語と御真影が収められていました。記録にある通り、不幸中の幸いで、それらの品は当直の先生によって無事救出されて、暗い夜道をひた走り役所に返されていたのですが、鈴木校長は深夜のこともあり、凶報を聞きつけ学校に駆け付けた際に入れ違いになり、まだ残っていると思われた教育勅語と御真影を救出しようと奮闘するなかで亡くなりました。

鈴木校長は、大正6年（1917年）7月6日に京城鍾路公立尋常高等小学校校長から転任され、元町小にはまだなかった校歌作成に尽力された教育熱心な方でした。

1．気高き心教へつつ　南に聳ゆる　冠獄山
たゆまぬ業を示しつつ　西に流るる大漢江

学びも業も行いも　あけくれはげめあの如く

2. 徳を養ひ智をみがき　身を健康に保ちつつ
国につくすぞ人の道　白蓮山の名に負える
にごりにしまぬ操こそ　我等がための教えなれ

（鈴木志津衛校長作詞　京城元町小学校校歌）

御真影とは天皇皇后両陛下の写真であり、天皇は現人神であるとされていた当時においては、神聖にして素手ではなく、儀礼用の白手袋着用で扱われ、床に直置きすることも許されず、汚れや傷、カビにも細心の注意を要するものでした。

当時の学校教育者にとっては当然守るべきものであり、日本海を隔てて、朝鮮半島の教育に従事している教育者の覚悟を込めて、校長が当時の教育の基本理念を、明治天皇のお言葉として記した教育勅語を読み上げるような時でも、あらかじめ方位を測っておき、東京の皇居に向かい行っていたそうです。

また、学校施設の工事などで不特定多数の人間が出入りし、管理に問題が出そうな場合は、御真影、教育勅語ともに、役所に一旦返還されるほどに神経を使うものでした。

そして、これほど重要な奉安所焼失事件が起きたのは大正時代ですから、御真影は大正天皇皇后ご夫妻でした。場所は、嘉仁親王時代に陛下自らお立ちになられた京城でしたが、龍山駅から一駅先の、学校から歩いて行ける距離の京城駅（旧南大門停車場）一帯は、聖地とも言うべき場所だったのです。

大失態でした。ただでさえ健康不安がささやかれていた大正天皇を狙ったかのような、呪詛の類か、暗殺予告の可能性が考えられる事案が、軍司令部の目と鼻の先で起きたのです。しかも、力を込めて大御心に沿っての、韓国への移行を睨んだ近代化作業をしているさなかでした。

かん口令が引かれたとも言われ、この話は当時大きく扱われなくなったそうですが、周囲で多発していた朝鮮人反日活動家による日本人児童への暴行や、婦女子への性的暴行などと相俟って、京城の日本人の不安を高めていきました。とりわけ子供を持つ民間人の動揺は大きく、理由を付けて本土へ引揚げる人たちが出始め、近代化作業の大幅な遅延すら起こりかねない状況になっていました。

そして、この学校火災からわずか3か月後の大正8年（1919年）3月1日に、京城にて突発的な大暴動が起こったのです。

それが「三・一独立運動」です。当時は「京城騒乱事件」や「京城騒擾事件」とも呼ばれていました。

三・一独立運動は詳細を取り上げていると紙面がなくなるので割愛しますが、この京城で起きたことはかん口令にもかかわらず、任期を終えた総督府官吏や、当時その場に居合わせた民間人が内地（日本本土）に戻ると、「実は～」とこっそり話していました。そういうこともあり、このあとに起きた大正12年（1923年）9月1日の関東大震災時に結成された自警団

(京城で先に大暴動発生前から活動家の朝鮮人の襲撃から身を守るため民間人が自警団をつくっていました)やそれが起こしたトラブル、戒厳令を引いて軍を皇居の警備(奉安所の火災、結婚式襲撃未遂事件などの事例から、大正天皇への直接攻撃の警戒)に当てたりしたことへの影響が、京城から引き揚げた当時を知る人たちで話されていました。

しかし、こちらのことも、なぜか今日の歴史書や報道では、韓国側や日本本土の視点でのみ考察されたものばかりが目につき軽んじられています。結果として、現在、当時の事情を聞く機会に恵まれなかった多くの日本国民が、外地で起きていた異変が内地にどのような影響を与えたのか、という点を踏まえた上での考察をすることが難しくなってしまっています。

大正9年(1920年)に京城日報社が出版した『朝鮮騒擾の真相』、大正13年(1924年)に朝鮮総督官房庶務部調査課が「三・一独立運動」前後の状況、運動の背景まで詳細に調べ、まとめたマル秘資料「朝鮮の獨立思想及運動」が国立国会図書館デジタルライブラリーにて公開になっていますので、一読されることをお勧めします。

この「三・一独立運動」は、当時から京城の日本人側は、朝鮮人側の日本に対する誤解、近代化のために送り込んだ日本人の役人が朝鮮人の役人の仕事を奪っていて、自分たちは役人には登用されなくなる、文化・言葉の違いからの意思の疎通の未熟さから、朝鮮半島を奪った日本人が、自分たち朝鮮人を見下し偉ぶっていると感じられたことや、朝鮮社会の文化的背景による事大主義(小はより大きなものの庇護に入り身を守る考え)からの、日本より強国のアメリカに頼ろうとする動きから起きたものと分析していましたが、実は、もう一つ大きな疑いを持っていました。

それは、京城で突然起きた暴動の背後に、ロシアと通じた共産主義者がいるのではないかというものです。それは、この朝鮮半島の一部である咸鏡北道《かんきょうほくどう》がロシア領と接していて、この時期は、同じ大陸のシベリア方面に日本軍が展開していたためでした。

ロシア革命（1917年）で混乱するロシアへの牽制「シベリア出兵」と、京城での「第二帝都建設」、この二つが重なっていたために、日本側は、朝鮮半島を安定化させたあとに、満州方面への勢力拡大をもくろむ日本に対して、キリスト教宣教師を通じたアメリカの反日扇動（こちらは「朝鮮の獨立思想及運動」「京城騒擾の真相」両方に記載されています）と併せて、ロシア側の共産主義勢力が日本軍の動きを封じるために、調略を打って来たのではないかと疑っていたのです。

朝鮮半島の鉄道路線図より、京城（地図下二股に分かれる部分が京城です）から咸鏡北道（地図上右側）部分にあたります。

この咸鏡北道の最北部分と、ロシア領ニコリスクウスリスキーが接していました。そのため、その方面に日本軍の増派を行う場合、悪天候に強い鉄道を使っての陸送ルートは、日本の下関から釜山まで船で、そこから汽車で京城まで上って、龍山駅から京城駅を通って咸鏡北道へと向かう形となりました。

「三・一独立運動」の起きた一帯は、ちょうどそのルートの中心点にあたる京城でした。騒動を鎮圧すべく軍が出動している限り、大規模な咸鏡北道への部隊の移送が難しくなり、シベリア側の友軍と歩調を合わせての軍事行動や有事に備えての防衛強化が難しくなる、絶妙なタイミングだったのです。

「朝鮮騒擾の真相」には「三・一独立運動」の首謀者の一人である孫秉凞《そんへいき》について「孫秉凞氏の自白する處によつて観るときは、氏は寧ろ共産主義を懐抱するものであって、露國の過激派と相距る遠からずと言ってても宣いぐらいである」と書いています。

日本の朝鮮半島守備の軍隊中、司令部と第20師団は京畿道京城府龍山にあり、憲兵隊本部と第19師団本部は咸鏡北道羅南にありました。

この二つに集中していたため、その内の京城で騒乱を起こされたということが、大陸側の日本人にとっては衝撃だったのです。満州方面に兵を送るためのルートは、京城から別れて、朝鮮半島もう一つの大都市平壌を通って、満州へと伸びていました。京城を中心に朝鮮半島で混乱が続けば、羅南だけではなく、満州方面に展開している日本軍の作戦行動にも支障が出てしまうからです。

軍事の上で、常に陸続きの大国ロシアを警戒していなければならない場所で、大正天皇がお見えにならられた聖地という意味でも、長く留学されていた李王垠殿下をお迎えする準備の上でも、あってはならない最悪のことが起きたのです。

結果、早期治安回復の目的で、軍が出動し解決を図りましたが、朝鮮総督府長谷川好通二代目総督は辞任、三代目として「日韓併合の詔書」にも、海軍大臣として名を連ねていた斎藤實総督が就任、広がり続ける外地日本人の動揺を抑え、まだ表に出ていない「内鮮一体」の実現のため、事後処理にあたったのでした。

▲朝鮮鉄道状況（大正13年・1924年）より
（国立国会図書館ウェブサイトより）

そして、騒動鎮圧以降に、大多数の過激派が捕縛、または朝鮮半島外に逃れ、急激に朝鮮の治安が回復されたことが確認できたのちの大正９年（１９２０年）４月28日、本土東京にて日本と韓国との縁結びになる、李王垠殿下と梨本宮方子さまとの挙式が決行されたのでした。

しかし、この結婚式当日に、ご夫妻の暗殺を計画していた朝鮮人過激派の徐相漢が、東京都内で爆弾を作成所持している容疑で捕まったのです。

「なお内鮮の状況を確認する

必要ができた」という、祖父靖国に対して京城駅建設の命令を下す際に話されたものは、この、外地京城と、内地東京で起きた一連の流れを踏まえてのものでした。

背後にあるのは、ただの朝鮮独立運動というものだけなのか。受け皿となるものが何もないのに、わざわざ日本にまで入って、皇太子を殺して李朝の後継者を消そうとする目的は何か、誰が得をするのか。

大正6年（1917年）ロシアのロマノフ朝が倒れるという、天皇をいただく日本にとっては他人事ではない事態が、共産主義という新しい考えかたによって引き起こされ、その思想が日本においても勢力を増している最中でした。内地にも手引きをする者がいる可能性が出た以上、日本側の独立準備を知らない、無知な民衆の自然発生的な暴動と思われていた三・一独立運動の背後関係も含め、再度大掛かりな反日勢力の関与をにらんで、慎重に洗い直す必要が出たのです。

そのため、結婚式後の、日本国民への独立国「韓国」への移行の大まかな日程発表は、暴力的手段で独立を訴える朝鮮人テロリストによって、発表直前に急きょ中止となったのでした。

それでもなお、時期を見て韓国維新を成就させたい国によって、明治維新功労者や、韓国の独立を担保するべく代理戦争を戦った日清日露戦争戦没者の方たちの霊的守護を得るべく、その方たちが祀られた施設である靖国神社の名を持つ「豊田靖国」が、場合によっては殉職する可能性がある任務の重要性を説かれた上で、京城側の準備が再び妨害されないように、京城駅建設任務と併せて送り込まれることになったのです。

幻に終わった韓国の維新

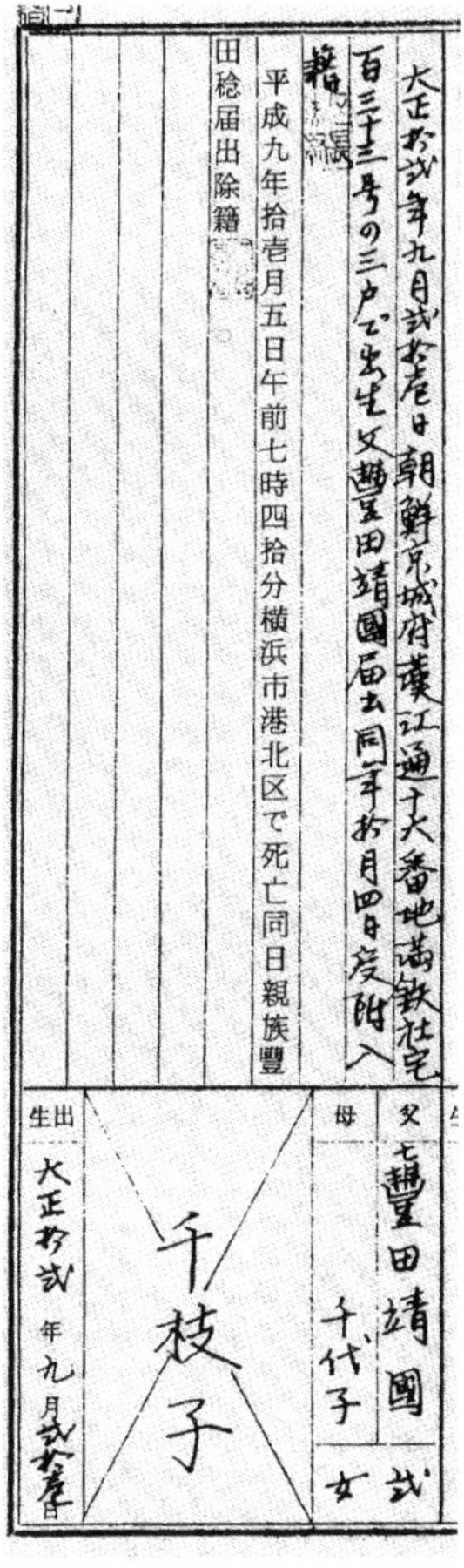
大正弐拾年九月弐拾壱日朝鮮京城府漢江通拾六番地満鉄社宅百三十三号の三戸で出生父豊田靖國届出同年拾月四日受附入籍
平成九年拾壱月五日午前七時四拾分横浜市港北区で死亡同日親族豊田稔届出除籍
父 豊田靖國
母 千代子
弐女
出生 大正拾弐年九月弐拾壱日
千枝子

▲京城駅建設作業中に生まれた伯母千枝子の戸籍

大正12年（1923年）9月21日に、京城駅建設工事中の朝鮮京城府漢江通16番地満州鉄道社宅133号の3戸から、祖父靖国によって、伯母千枝子の出生届が出されました。

当時は、朝鮮半島で生まれた日本人の出生届は、一定期間朝鮮総督府が預かったあと、まとめて船で本籍のある日本へと運ばれていました。

千枝子とは、母親の千代子の一字を変えただけではなく、京城駅の完成が徐々に見えるなか、今後ここを中心として、植物の枝葉が伸びるように、朝鮮半島の隅々に鉄道が広がっていくという願い（鉄道の発展は国の発展でもありました）と、日本の国旗のデザインの一つである日輪から放射線状に陽の光が伸びていく姿、末広がりをかたどった「旭日旗」になぞらえて名付けられました。

旭日のデザインは、大漁旗など縁起物としても使われていたものでしたが、このころに満州や朝鮮などで活動していた興亜主義を掲げた日本人にとっては、白人至上主義の下で、過酷な植民地支配を受けているアジアの諸国を我等の手で解放、発展させる、「暗く沈んだ東洋の四方八方に輝く太陽の光を届ける」という意味で好まれていました。

満州鉄道本社があった満州大連の放射線状の道路は有名ですが、満州鉄道・朝鮮総督府鉄道局が、満州朝鮮間を走らせた5大特急、あかつき、大陸、のぞみ、ひかり、興亜を繋げると、「日本より陽が昇り大陸に希望の光が差しアジアが栄える」または「太陽の光（天皇陛下の大御心）をあまねく大陸に届けアジアを解放発展させるが我らが望み」という、自分たちがなすべき信念を表すものになっていました。

祖父靖国も、まさか自分の名に関わる「靖国神社参拝問題」同様、娘の名の由来にまで、今日の韓国から、戦犯旗という因縁を付けられるとは思わなかったでしょう。

幸い両名とも亡くなったあとに、それぞれ馬鹿げた話が出てきましたので、知らずに済んでよかったのですが、現在の韓国の反日史観と、それを利用する朝日新聞社を中心とした一部の日本人によって、日本一の反日風評被害の家族となってしまいました。

伯母千枝子が生れた9月は、帝都東京を文字通り揺るがした、関東大震災が起こった月ですが、朝鮮側にいた京城の日本人たちは、朝鮮半島の人たちとのトラブルはなかったそうです。

祖母千代子も、私が小学一年生まで健在（その後体調を崩し、小学4年生のときに亡くなり、祖母の面倒を見ていた伯母千枝子と、一人暮らしは心細いだろうと同居することになりました)でしたので、当時の話を聞く機会にも恵まれましたが、近隣の朝鮮人も親切で、京城に入る前に満州側で想像していたような、独立運動が荒れ狂うようなものは一切なかったと話していました。

だからこそ、大正10年（1921年）に長女を生んだあとで、二人目を出産しているのです。近年、朝鮮京城で暮らしていた日本人の集まりにも顔を出さず、当時の生活実態を聴き取り調査もしなかった学者やジャーナリストたちが、関東大震災時に日本人が朝鮮人を大量虐殺したなどと言い出したうえ、次第に被害者数を増加させていますが、そんな大規模な虐殺話などはありませんでした。

京城駅建設を含めて、さまざまな施設の工事作業には、多くの朝鮮人労働者が雇われており、そのような話があれば、再び京城に緊張が走ったはずですが、まったく聞いたこともないものです。

また、朝鮮側からは、東京の復興作業に朝鮮人労働者の応援を入れたり、支援米の緊急移入を行っています。その後も、朝鮮人の出稼ぎ労働者や留学生は、数を増していっているのですから、大量虐殺などがあれば、送り出した朝鮮人家族が黙っているはずもなく、隠せるはずはありませんでした。

予期せぬ関東大震災を挟みながらも、朝鮮半島京城の主要な施設は無事完成しましたが、本来の目的である韓国皇帝の誕生は、大東亜戦争（太平洋戦争）終了まで行われることはありませんでした。

「王様（皇帝）にするすると言っておいて、あんなこと（真珠湾攻撃）をしやがって。あれのおかげですべてが水の泡になった。挙句に戦争に負けたら、最後まで李王垠殿下家族の面倒を看ずにほっぽり出しやがった。一般人より生活費が掛かるとは言っても、親子数人の費用位は捻出できなかったわけでもあるまいに」

戦後、日本に引揚げてから、祖父の将棋の相手をしながら、当時のさまざまな話を家族のなかで最も詳しく聞いていた父は、この話をするときはいつも不機嫌な物言いになり、

「岸信介が巣鴨（刑務所）から戻ってからやっと、堤康次郎（西武グループ創始者）にどうかここも一つお願いしたいと口を利いてくれて、赤坂の李王家の屋敷（買取ののちに赤坂プリンスホテルとして開業）を買い取ってもらい、わずかでも家族に現金を渡してくれたからいいものを、みっともない真似をしやがって」

と、戦勝国アメリカに睨まれているとはいえ、戦後の日本政府の対応の悪さを怒っていました。

父は、平成23年（２０１１年）に行われた最後の柳会（京城元町小学校第35期生同期会）の集まりまで、李王垠殿下が皇帝候補のまま終戦を迎えたと思っていましたので、このように、私が子供のころから聞いていたものも、その前提で話してくれたものでした。

しかし、私も同席した柳会の最後の集まりで、意外な話を聞くことになったのでした。

昭和の韓国建国計画

平成23年（2011年）8月21日に、東京お台場のホテルで行われた最後の柳会の集まりの際でした、さまざまな思い出話が語られ流れるなか、日ごろから気にかけていた疑問を、父は突然口にしました。

「垠殿下を王様（皇帝）にするって言っておいて、何でしなかったんだろうね」

すると、間髪入れずにほかの出席者の方から、

「今どなたって？」

と聞き返されると、

「李王垠殿下、王様（皇帝）にするするって言ってたでしょ？」

と父が返しました。

前振りもなく父が切り出した話に、誰も戸惑うことなく、普通に繋がっていくことに私は驚いていましたが、このあと、予想外の展開になっていきました。

「あら、その方は大正時代の候補者じゃないの」

「えっ⁉」

驚く父をよそに、その方が他の出席者のほうに顔を向けると、

「下関の総督府の官吏だった方がおっしゃってたわよね。昭和14年（1939年）に、朝鮮総督府総督から、垠殿下のお子さんに皇帝候補を替えるって命令を受けたって」

「あ〜、あの大阪に移られた方ね」

話を振られた方も自然に応じられて話が進み、昭和の時代に、新しい命令が東京から入っていて、候補者が差し替わっていたことがわかったのです。

そのときの話をまとめると以下になります。

「韓国皇帝候補を、これまでの李王垠殿下より替えて、昭和6年（1931年）生まれの李王垠殿下・方子さまのお子様の李玖《りきゅう》殿下とする。

時期は、殿下のご学業終了ののちすみやかに京城にお入りいただき、就任していただくこととする。よって、大正時代の二の舞いにならぬよう、なお一層の内鮮一体、融和を図り備えるように」

これが、南次郎七代目総督より、一部総督府官吏にのみ、口頭伝達という形で伝えられたそうです。

ご学業終了というのがどの時点なのかや、大正時代の件がいつ失敗とされていたのかは、残念ながら聞くことはできませんでしたが、もともと韓国建国に使う予定だったものは、満州国建国にも使われたという話を、以前に別の方から聞いたこともありましたので、先に実現した満州国建国の影響で、朝鮮社会の日本化が促進、日本名を希望する声や、日本兵となりたいという希望の高まりなどを受けて、止まっていた計画が再び動き出したようでした。

これは、古くから朝鮮半島の民族と、満州（中国）の民族は陸続きであり、双方向で頻繁に出入りをしていましたが、満州側は常に属国の民という形で朝鮮側を見下すことが多く、半島内に入り商いをする商人ですらが見せる、不遜な態度に朝鮮側が不快感を持っていたからでした。日本が満州国建国でそんな連中の上に立ったという、驚きと喜びが半島内に広がり、この思わぬ副産物を好機と捉えたようです。

朝鮮総督府は命令を受け、根回し、準備作業に入っていたものの、昭和16年（1941年）12月8日、真珠湾攻撃の一報が入り、事情を知る人たちは困惑したそうです。

この時点では、大陸側の拠点を東南アジア方面の沿岸部に新設し、伸ばした鉄道で繋いでいきながらも、水面下で日本軍が送った工作員による独立運動勢力への戦闘訓練や、武器の提供を行い、自ら矢面に立たずに、植民地宗主国を揺さぶっていくという計画の初期段階でした。

この計画の中心となる一大鉄道計画が、現在「弾丸列車計画」という形で知られているものです。

東京から下関を、それまでの本土の狭軌規格より大きい大陸鉄道規格で繋ぎ、東京から徴兵された兵士や武器弾薬を、大量かつ高速で運び、台船に荷物の積み替えなしに貨車ごと乗せ、朝鮮半島の釜山に揚げて、大陸の満州方面だけではなく、東南アジアよりに新設する予定の拠点にも運ぼうというものでした。

この計画に付随していたものが、現代でも時折取り上げられることのある、「日韓トンネル」の原型である、下関と釜山を海底トンネルで繋ぐ構想でした。しかし、当時は、資金や技術の面から夢物語と捉えられていて、当面は、関釜連絡船と同じく船での輸送と、計画を聞いていた現場の鉄道官吏たちは受け止めていたそうです。

東南アジアの独立運動が活性化し、宗主国が植民地に駐留させている軍隊だけで手に負えない事態になれば、本国に増派を要請するだろう。しかし、準備と輸送に時間が掛かるため、近隣の話の通じる近代国家の軍隊に頼らなければ、治安維持は覚束なくなるだろうから、日本は、その地域に居なければならないという話だったそうです。先に独立運動勢力と示し合わせておき、素知らぬ顔で植民地宗主国の支援要請を受けて、出撃、独立運動勢力と猿芝居を打って、双方損害が出ないようにしながら、日本の任されたエリアは守りつつ、その他の宗主国側の被害が拡大するのをもくろんでいたのです。

そうなれば、必ず本国で、植民地の恩恵を受けている一部の資本家や企業のために、自分たちの家族が兵士として傷ついたり亡くなったりしなければならないのかという厭戦気分が、一般国民に湧き起こり、反戦運動を起こして、宗主国の政策が変更を余儀なくされるだろうとの読みでした。

西欧の東南アジア域からの後退ののち、日本にとって喉から手が出るほど欲しい、地下資源開発権や港湾使用権を、東南アジア諸国の独立運動勢力や、有力者たちから即時に契約に応じてもらうための見返りとして提供する、その地域近代化の見本が、新しい韓国になるはずだったのです。

この韓国のように、あなたたちの国もゆくゆくは、自分たちの国として運営していくことができますよ、西欧型植民地のような簒奪など、日本はする気がありませんよと、実物を見て理解してもらい、早期に協力関係を築き、日本の経済を活性化し、富国強兵、安全圏の拡大を計り、米英に対抗するというものでした。

長距離を鉄道を使うことによって船舶の輸送に頼るより安全で兵の負担も少なくてすむ。そして常設させた拠点にて待機、訓練させておき、必要に応じて、隣接する港より、輸送船で短時間のうちに東南アジア諸島に送る。

確保された資源は、逆のコースを辿り、満州・朝鮮・日本本土に安定して運び出す。

そのために必要な鉄道工事や付随させる港の工事のための、東南アジア方面で担当するインフラの建設担当者や管理技術者の育成、レールや枕木、機関車や客車、貨物列車の増産に必要となる工員の増員など、まだまだ準備不足だったのです。

それでも、その後朝鮮総督からも、真珠湾攻撃からの対米戦開始に伴って、計画が変わるとの話もなかったそうで、引続き、皇帝擁立準備は、口頭伝達された朝鮮総督府関係者によって、水面下で進めていたとのことでした。

しかし、戦争は大惨敗に終わり、一連の計画は陽の目を見ることなく、一部の人間のみが知る形で終わってしまいました。

これが、明治時代から「日本の明治維新を手本にした韓国の維新を行う」という、一部形を変えても、昭和の時代、大東亜戦争（太平洋戦争）に敗れるまで存在していた、日本の成功体験を他国にも持ち込み第二第三の維新を起こすという、シンプルな考えに基づく、最初の成功例になる予定であった、朝鮮半島近代化の本来の目的になります。

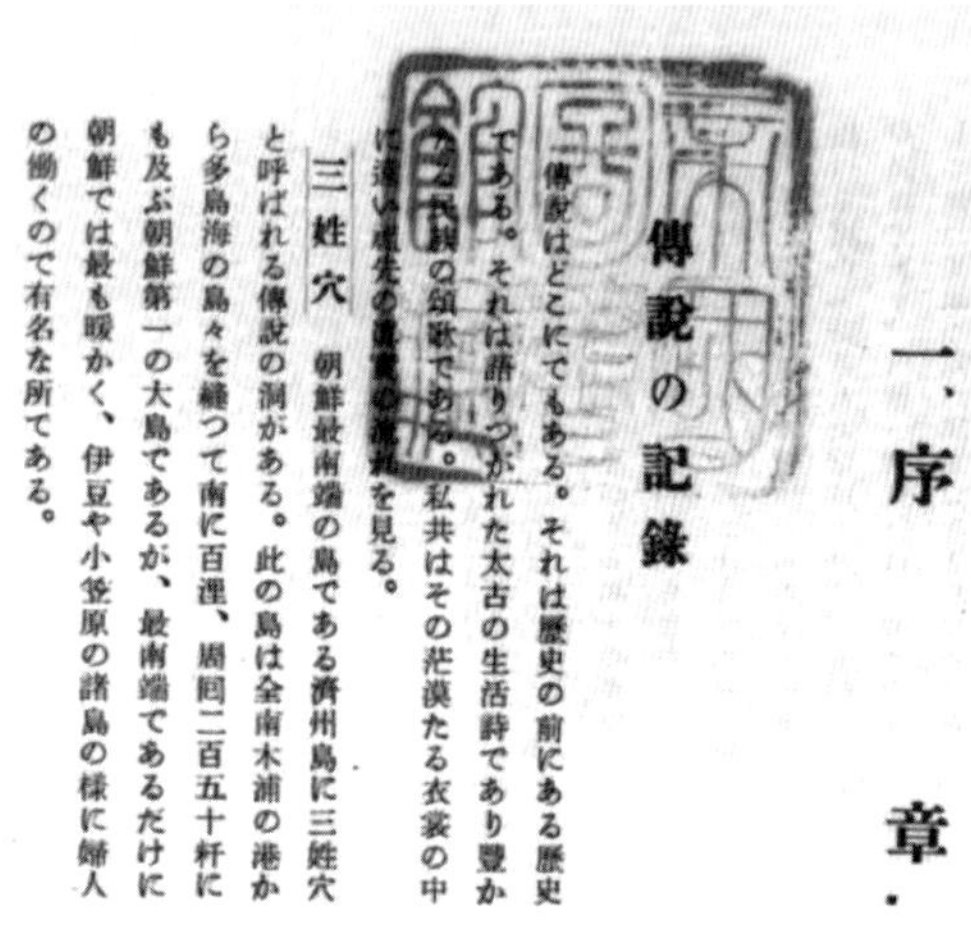

一、序　章

傳說の記錄

傳說はどこにでもある。それは歷史の前にある歷史である。それは語りつがれた太古の生活詩であり豊かな民族の頌歌である。私共はその茫漠たる衣裳の中に遠い祖先の眞實の流れを見る。

三姓穴　朝鮮最南端の島である濟州島に三姓穴と呼ばれる傳說の洞がある。此の島は全南木浦の港から多島海の島々を縫つて南に百浬、周囲二百五十粁にも及ぶ朝鮮第一の大島であるが、最南端であるだけに朝鮮では最も暖かく、伊豆や小笠原の諸島の様に婦人の働くので有名な所である。

何時の頃であつたろうか、年代すらも定かではないが—年代が定かな位であればそれは既に傳說ではない—突然此の濟州島に三人の神人が地から湧出した。その名を良乙那、高乙那、夫乙那といひ、暖い所であるので、此の神人達は毎日海に漁し山に木の實を求めて仲良く平和にその日を暮してゐた。或る日の事である。東海の岸邊に紫の封を施した大きな木箱が漂つて來た。これを開くと一つの石函があり、紅の帶に紫の衣を着けた使者が隨從してゐる。そして函を開けば靑衣の處女が三人、それに駒や犢、五穀の類が積載されてあつた。

使者が言ふ『自分は日本の國使である。國王の言はれるには、天が西海中に三人の神人を降したが未だ配

▲「前進する朝鮮」（昭和17年・1942年）より傳説の記録　（国立国会図書館ウェブサイトより）

大東亜戦争（太平洋戦争）中の昭和17年（1942年）に、朝鮮総督府情報課から出された「前進する朝鮮」になります。この情報課は、戦争中の情報管理部門（プロパガンダ担当）として朝鮮半島の各新聞社とも連携を取っていた組織になります。

この情報課が出した出版物でも、日本の対朝鮮半島政策が、明治、大正、昭和と、三代の天皇が示されていたものに従っていることがわかります。

三姓穴

朝鮮最南端の島である済州島に三姓穴と呼ばれる傳説の洞がある。

此の島は全南木浦の港から多島海の島々を縫つて南に百浬、周回（周回）二百五十粁《キロ》にも及ぶ朝鮮第一の大島であるが、最南端であるだけに朝鮮では最も暖かく、伊豆や小笠原の諸島のように婦人の働くので有名な所である。

いつのころであつたろうか、年代すらも定かではないが—年代が定かな位であればそれはすでに傳説ではない—突然此の済州島に三人の神人が地から湧出した。

その名を良乙那、高乙那、夫乙那といひ、暖い所であるので、この神人たちは毎日海に漁し山に木の實を求めて仲良く平和にその日を暮してゐた。

或る日の事である。東海の岸邊（岸辺）に紫の封を施した大きな木箱が漂つて来た。これを開くと一つの石函があり、紅の帯に紫の衣を着けた使者が随従してゐる。そして函を開けば青衣の處女（処女）が三人、それに駒（仔馬）や犢（仔牛）、五穀の類が積載されてあつた。

使者が言ふ「自分は日本の國使である。國王の言はれるには、天が西海中に三人の神人を降したが未だ配偶がない。依つて吾が王女三人を送る。宜しく配をなし一心同體（同体）國開きの大業を成就せよ」と。言ひ終るや使者は白雲に乗じて去つた。三乙那は即ち年齢順に王女を娶り、五穀を播き、犢駒を牧し、年長の良乙那を王として子孫みな繁栄した。これが此の島の祖先であると。そして此の傳説の三姓穴はいまも漢拏《かんな》山麗に跡をとゞめ、入口には蒙古風の石像が道案内に立てられてゐる。

眞實（真実）を求める者の温かい無慈悲さを以て此の美しい物語の虚装を剥ぎ去るならば、私たちは此の扮まない言傳への中に内鮮一體の遥かなる祖先の姿を見ることができる。三乙那以前に此の島に先住の人々があつたにせよ無かつたにせよ、すでに三王女は大和の國から送られ、また地から湧いたと傳へられる三乙那も東海の日出づる國から降ろされた形跡十分で、當時は完全に大和の延長であり、内鮮一体或ひは内地そのもの丶如くにして此の常春の島の開拓はなされたのである。

此の島は後、任那の一國である耽羅《たんら》の國となつた。

日本書紀に天智天皇八年正月耽羅の王子久麻伎《くまぎ》来朝し五穀の種子を賜ふと記されてあるのは、直ちに此の傳説と符合するものであるかどうか、何れにせよ深い交渉のあつたことは推察するに難くない。その後永い年月の間には多くの血の混交がなされ、また李朝時代には屡々黨争士禍《しばしばとうそうしか》の流刑の地となつたが、此の島の歴史とともに生ひ育つて来た住民の容貌骨骼（骨格）は非常に良く内地の人々と似通つてゐるといはれる。

羽衣の傳説

朝鮮の最北端、満州國との境界に白頭山がある。此の山は海抜二、七七四米《メートル》近世に噴出した溶岩流の山岳であるが、山麗は廣漠（広漠）たる處女林に蔽はれ、峰頭に至つてその名の如く清楚な白頭の姿を現はしてゐる。

此の峰は頂上に及んで内側一氣に陥没し、周回十一粁に餘る巨大なる噴火口は青黒く満々たる水を湛えてまさに龍棲むかと思はれるばかりの雄壮霊異の大湖を形造る。天池といひ、また龍王潭とよばれるのがこれである。水深は最深三百十數米に及び魚類も爬虫類も棲まない。

大昔、此の山の麓に一人の篤實な樵夫がゐた。

或る日薪を求めて此の湖のほとりまで来ると、一本の松の老樹に色あでやかな高貴な女人の衣がかけられてある。これは良き拾ひ物と取つて歸らうとすると湖に聲あり「そは我が衣なり。それなくては天に歸ることもかなはぬ、返し賜へ」といふ。

振返ると黒髪長く目ざめるばかりの上臈が浴みしてゐる所であつた。

樵夫はしばらく惑つたが、仙女の切なる請ひに「ならば衣はお返し申す程に吾が妻となり賜へ」といふと、仙女も「では、一生天に歸らぬ譯にも参りませぬから四人の子女をなすまでお傍で仕へませう」という譯で樵夫とともに暮らすことゝなつた。

十年の歳月は夢のようにすぎ、二人の間には三人の子寶（子宝）が生れた。

或る日樵夫は妻が餘りに天上を戀（恋）しがるので匿して置いた例の羽衣を出して與（与）

へると、仙女はこれを身につけたかと見る間に背に一人、兩脇に一人ずつ、三人の子供を抱えてあれよの間に天上に飛び去つてしまつた。

此の傳說は白頭山天池のほとりともいひ、また金剛山文殊潭の出来事であるとも傳へる。一は樵夫、一は漁師であるだけで内地の三保の松原の傳說と同巧異曲なのも面白いが、漁師は舞を一さし所望したのに對し樵夫が結婚を求めたのは内地の羽衣に比べて頗る現實的である。

たゞその結末は樵夫も妻のあとを追つて天に上ることになつてゐて反つて現實から遠いものがあるが、斯ういつた傳說の節々にも内鮮を繋ぐ血の縁しが想はれて大變興味深いものがある。


「内鮮一体」が、ただ日本人と朝鮮人は一つになるなどという、今日みなさんが戦後の教育で理解している意味では使われていません。大和の国から送られた三人の王女は、先に触れた須佐之男命の三人の娘に繋がっているのも感じられると思います。

この島は「済州島」のことですから、朝鮮総督府の後ろに控える当時の国が、この場所を内鮮の縁の深さを示す重要な場所と認識していたかもわかります。

そして、「三姓穴」に続けて「羽衣の傳説」を取り上げていますが、この話こそが、大正期に完成させた朝鮮総督府庁舎、京城駅、朝鮮神宮の3施設を星座の形に結びつける、内鮮の縁を表す日本と朝鮮同型の伝説「羽衣（七夕）伝説」になります。

京丹後市の歴史（平成24年・2012年・京丹後市中学社会科副読本作成委員会編集）によると「丹波国風土記」の伝承として紹介されています。

比治山の麻奈井という池で水浴する八人の天女の一人が羽衣を隠され、和奈佐という老婦人の子となります。天女はどんな病をも治すという酒を造り、老夫婦は裕福になります。しばらくして夫婦は天女に対して、天女が自分たちの子供ではなく、しばらくの間、仮に養っていただけなので、家を出るように告げます。それを聞いて天女は天を仰ぎ嘆き悲しみ、歌を詠みます。

天の原　ふりさけみれば　霞立ち
家路まどひて　行方知らずも

天女は家を出て、荒塩村、丹波里哭木村、それから最後に船木里奈具村に着き、「わが心なぐしくなりぬ」といって、この村に住み着くこととなりました。物語の最後には、この天女が奈具社に祭られる豊宇賀能売命《トヨウカノメノミコト》という女神であるとしています。豊宇賀能売命というのは豊受大神ともいわれ、丹後の多くの神社に祭られている女神です。この神は、古代に丹後から伊勢に遷され、伊勢神宮の外宮に祭られています。

この話に続けてもう一つ紹介されているのが、京都府京丹後市鱒留《ますどめ》の大路に伝わる伝承となります。

昔、峰山の比治の里に、さんねも（三右衛門）という若い狩人が住んでおり、ある夏の朝、比治山の頂上近くまで来ると、池で水浴びをする八人の天女がいました。

木の枝に羽衣がかけてあり、その一枚を抱えると家へ帰り、大黒柱に穴を開けて隠してしまいました。天女は天へ帰ることができず困ってしまい、とうとう、さんねもの嫁となりました。その後、三人の娘も生まれました。

天女は、蚕飼いや機織り、米づくり、酒づくりと何でも上手で、比治の里の人々は、天女からいろいろと教えてもらいました。天女のおかげで、比治の里はみるみる豊かになり、人々は幸せに暮らせるようになりました。しかし、天女は天が恋しくてたまりません。

ある日、大黒柱に隠されていた羽衣を探し出すと、羽衣を身にまとい、「7月7日に会いましょう」と天に帰ってしまいました。それを見ていた天邪鬼が「7月7日に会う」とさんねもに伝えます。悲しむさんねもの手には、天女からもらったゆうごう（夕顔）の種あり、蒔くと、ゆうごうのつるは天に向かって伸びてゆきました。さんねもは、つるを伝って天まで登っていき、天女たちがいる天上の世界にやってきました。妻の天女が寄ってきて言いました。

「天の川に橋を架けて下さい。けれど、架け終るまで私のことを思い出してはいけません。そうしたら、あなたと一緒に暮らせます」喜んださんねもは、一生懸命に橋を造りあと少しででき上がり天女と暮らせる、とうれしさの余り約束を忘れて、天女のことを思い出しました。すると、天の川がみるみる内にあふれ出し大洪水となって、さんねもは橋もろとも下界へ押し流されました。

その後、比治の里の人々は、天女の娘の一人をお祀りするため、小さな社を建てました。これが乙女神社だと伝えられています。現在でも年に一度七月七日に、さんねもと天女が出会う日に大路では七夕祭りが行われています。

大正15年（1926年）に竣工した朝鮮総督府庁舎に掲げられた「羽衣」は、この話そのものを描いているのです。

「内鮮一体」があたかも昭和に入り軍国主義化するなかで、朝鮮半島に住む朝鮮民族を日本の侵略戦争に利用するために出されたかのような説を唱えている人もいるようですが、まったく違うことが、わかっていただけるのではないかと思います。

同時に、近ごろ朝鮮半島からの引揚げ日本人の多くが亡くなり、ほとんど声を上げられない状態になったのを待っていたかのように湧いて出てきた、人類史に残る悪行、ドイツの「ホロコースト」と、日本の朝鮮半島の併合政策を同一視させようとする話が、いかにでたらなものなのかも示せるのです。

西洋の宗教観から来る根深いユダヤ人差別の問題を、巧みに利用していったドイツの国家的犯罪は、天照大御神と須佐之男命と系譜は違えど、同じ高天原の神の末裔として朝鮮半島の朝鮮民族を扱っていた日本の方針とはまったく違うものでした。

併合前から、明治天皇を始めとした最も日本の歴史・伝承に詳しい方たちにより示されていた「朝鮮半島に住む出雲族を助けよ」。

これは、昭和に入ってもはっきりとは表に出さずとも、基本方針として朝鮮総督府は動いていたのです。

祖父の靖国も、京城駅完成後も引き続き朝鮮に残るよう命令を受け、所属を朝鮮総督府鉄道局に変えたのちの昭和10年（1935年）まで、京城勤務が続き、昭和11年から昭和12年と、城津《じょうしん》建設事務所（咸鏡北道城津郡城津邑本町）に。昭和13年から昭和14年と、江陵《こうりょう》建設事務所（江原道江陵郡江陵邑）と周り、昭和14年、任期途中突然戻るように命令が入り京城に戻されました。

おそらく、柳会最後の集いで出ていた、第二回目の韓国皇帝擁立計画に伴ってのことだろうと思いますが、日中いきなり事務所から戻ってくると、

「京城に戻ることになった」

としか話さず、家族が何を訪ねても黙々と荷造りを始め、なぜ急に京城に戻るのかすら話さず、戦後もそこの話には触れることはなかったそうで、残念ながら詳細が伝わっていません。

しかし、咸鏡北道にあるのが白頭山で、須佐之男命が降り立った曽尸茂梨の候補地であり、日本の豊受大神の伝説と同じ朝鮮の羽衣伝説が残る場所でした。

江原道は曽尸茂梨の候補地の牛頭山（須佐之男命を祀った江原神社を大正8年に建立）と金剛山がありました。

昭和14年に戻ったのちは、終戦後の昭和20年（１９４５年）12月上旬まで、京城に留まるのですが、父を伴いたびたび近所の朝鮮神宮に参拝に行くと、祖父は宮司さんと話し込んでいたそうです。

「何を話しているかはわからなかったが、しつけが厳しい時代、終わるまでこっちは正座して控えてなければならず大変だった」

と、父は当時を思い出してはこぼしていました。

朝鮮神宮の完成時（大正14年・1925年）と、終戦（昭和20年・1945年）から約3か月後の11月17日を以て、朝鮮半島の神社がすべて廃止になり、朝鮮神宮の撤去作業も終了するそのときもそば近くにいたことから、最後まで豊田（伊勢神宮外宮の豊受大神）靖国（明治神宮外宮にあたる靖国神社）の名を持つ者としての秘密の任務に当たり、朝鮮神宮の始まりと終わりという短い歴史を見届けたのだろうと思われます。

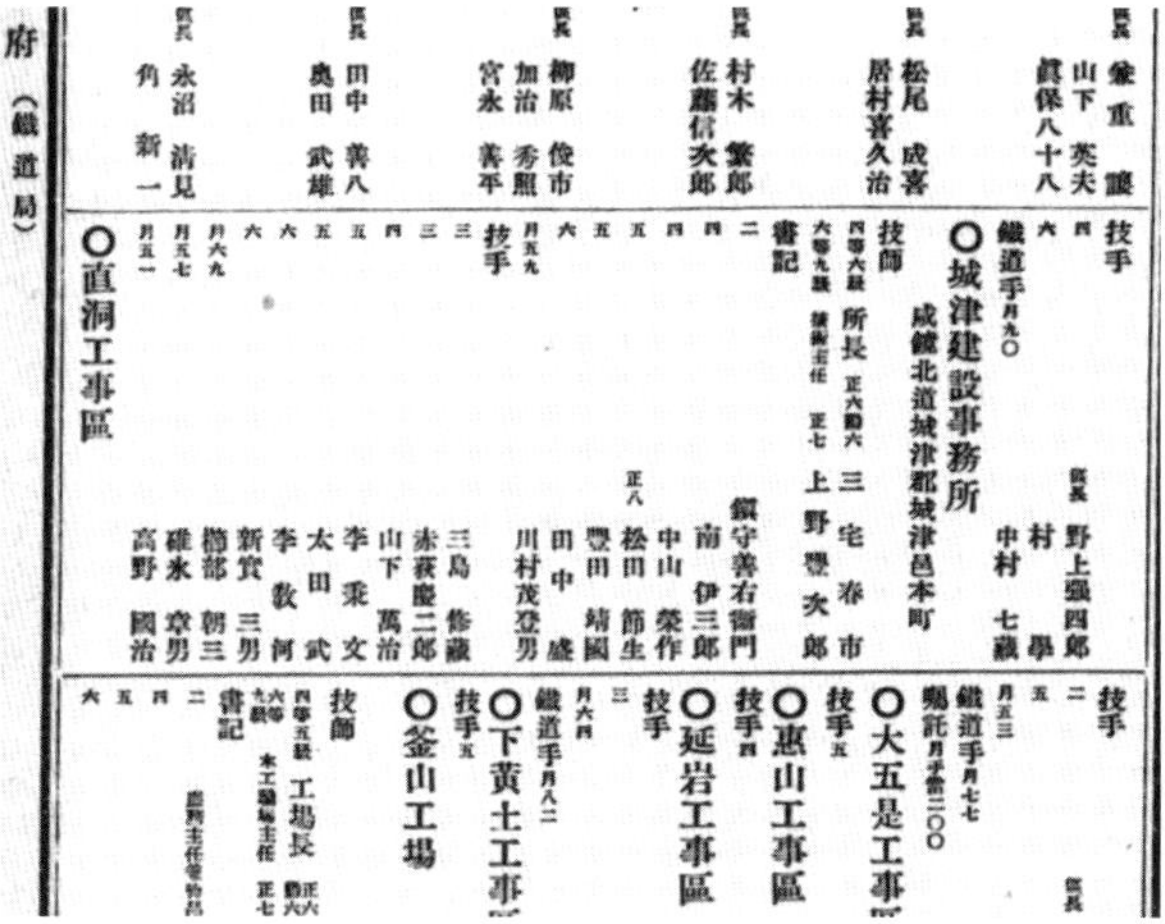
府（鐵道局）
係長 象重 讓
山下 英夫
眞保八十八
係長 松尾 成喜
居村喜久治
係長 村木 繁郎
佐藤信次郎
係長 柳原 俊市
加治 秀照
宮永 善平
係長 田中 善八
奥田 武雄
係長 永沼 清見
角 新一
技手 四 係長 野上彌四郎
六 村 學
鐵道手 月九〇 中村 七藏
○城津建設事務所
成鏡北道城津郡城津邑本町
技師 四等六級 所長 正六勲六 三宅 春市
六等九級 技術主任 正七 上野豐次郎
書記 鍋守善右衛門
二 南 伊三郎
四 中山 榮作
四 松田 節生 正八
五 豐田 靖國
五 田中 盛
六
月五九 川村茂登男
技手 三 三島 修藏
三 赤荻慶二郎
四 山下 萬治
五 李 秉文
五 太田 武
六 李 敎河
六 新實 三男
月六九 櫛部 朝三
月五七 碓氷 章男
月五一 高野 國治
○直洞工事區
技手 二 係長
五
月五三
鐵道手 月七七
囑託 月手當二〇〇
○大五是工事區
技手 五
○惠山工事區
技手 四
○延岩工事區
技手 三
月六四
鐵道手 月八二
○下黄土工事區
技手 五
○釜山工場
技師 四等五級 工場長 正六勲六
六等九級 木工職場主任 正七
書記 二
四
五
六

▲朝鮮総督府及所属官署職員録昭和11年（1936年）版より
朝鮮総督府鉄道局城津建設事務所の中央に豊田靖国記載。
（国立国会図書館ウェブサイトより）

南北分断後の現在は、北朝鮮領金策市となっています。古くから製鉄が盛んな場所で、日本と朝鮮半島の須佐之男命伝説との関係も、深く鉄が関わっていると言われています。

昭和になると、朝鮮総督府の経済政策も、大正期までの南鮮域を中心とした原始産業（農業・漁業・食品加工・繊維産業）の育成・発展から、軸を北鮮域の重工業振興へと移し出しました。

そのため、現在も北朝鮮の電力を助けている鴨緑江や豆満江の水力発電所の開発や、それに併せての工業団地整備が行われ、住民の移動だけではなく資源や製品輸送にも欠かせない鉄道の敷設が急がれることになりました。

▲城津建設事務所時代に撮った伯母千枝子の写真

これによって、朝鮮半島全域から、先に近代都市になった京城に流入し、偏りがちになっていた人口を、北鮮域の平壌側にも分散させる予定でした。
それと同時に、鋳造、鉄工、港湾、造船、炭鉱など、同じ場所に出稼ぎに来ていた本土の地方出身者と仕事の取り合いで軋轢を生じたり、本土日本人には「内鮮一体」「一視同仁」を基礎とした教育が行われなかったために、侮蔑的言動を取るものが多く、内と外の日本人の見せる顔の違いに戸惑い、日本に反感を覚えて帰って来ることの多かった、朝鮮半島からの出稼ぎ労働者を減らす狙いがありました。
これは、ビラやパンフレットを持参し、そのような労働場所に勧誘に来ていた内地の社会主義者や共産主義者に反天皇制を吹き込まれ、危険思想に染まるリスクを減らし、地元朝鮮経済発展に回す狙いでもありました。

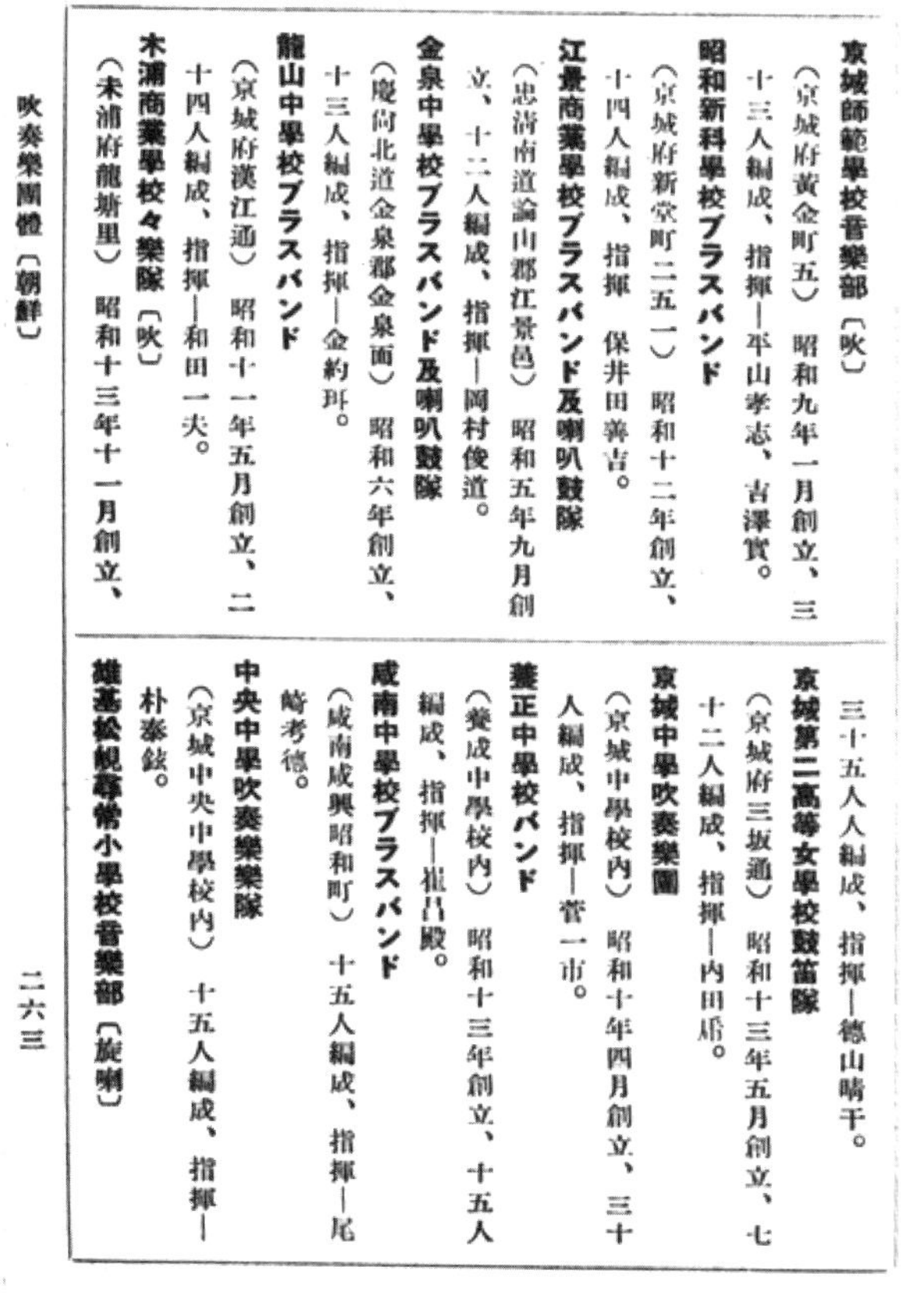

京城師範學校音樂部〔吹〕
（京城府黄金町五）昭和九年一月創立、三十三人編成、指揮―平山孝志、吉澤實。
昭和新科學校ブラスバンド
（京城府新堂町二五一）昭和十二年創立、十四人編成、指揮 保井田善吉。
江景商業學校ブラスバンド及喇叭鼓隊
（忠清南道論山郡江景邑）昭和五年九月創立、十二人編成、指揮―岡村俊道。
金泉中學校ブラスバンド及喇叭鼓隊
（慶尚北道金泉郡金泉面）昭和六年創立、十三人編成、指揮―金約珥。
龍山中學校ブラスバンド
（京城府漢江通）昭和十一年五月創立、二十四人編成、指揮―和田一夫。
木浦商業學校々樂隊〔吹〕
（木浦府龍塘里）昭和十三年十一月創立、三十五人人編成、指揮―徳山晴干。
京城第二高等女學校鼓笛隊
（京城府三坂通）昭和十三年五月創立、七十二人編成、指揮―内田昏。
京城中學吹奏樂團
（京城中學校内）昭和十年四月創立、三十人編成、指揮―菅一市。
養正中學校バンド
（養成中學校内）昭和十三年創立、十五人編成、指揮―崔呂殿。
咸南中學校ブラスバンド
（咸南咸興昭和町）十五人編成、指揮―尾崎孝德。
中央中學吹奏樂隊
（京城中央中學校内）十五人編成、指揮―朴泰鉉。
雄基松梘尋常小學校音樂部〔旋喇〕

吹奏樂團體〔朝鮮〕　二六三

▲吹奏楽年鑑（昭和16年・1941年）より朝鮮の吹奏楽団体
（国立国会図書館ウェブサイトより）

▲京城第二高等女学校鼓笛隊　伯母千枝子のアルバムより

吹奏楽年鑑にも記載されている、伯母千枝子の所属していた第二高等女学校鼓笛隊の全体写真になります。新韓国建国は果たせなかったものの、各吹奏楽団の設立年が示す通り、大正時代で近代化の基礎固めが終わり、昭和に入ると、文化面でも教育の充実が図られていました。

必要な楽器も、学校予算や各学校を支えていた地域の人たちの寄付などでまかない、内鮮人学生による演奏会も行われ、音楽の授業も、朝鮮半島でも熱心に取り組まれていきました。

戦地ではないため、戦況が悪化するまでは、毎日練習に励む女学生の時折調子が外れる音楽を、学校すぐ近くの軍人たちがのんびりと塀越しに聞いていたそうです。

この、本土とは違い比較的戦争中も穏

やかさを保っていた京城の日常の風景が大きく変わるきっかけは、昭和20年（1945年）6月の沖縄陥落でした。

開戦以降、日本本土の主要都市は、アメリカ軍の空襲によって甚大な被害を出していましたが、朝鮮半島最大都市京城を含め、朝鮮半島はまったく攻撃を受けておらず無傷でした。

しかし、万が一のことも想定されるため、早めの疎開が推奨されて、昭和20年（1945年）年頭から徐々に、親類縁者がいる人などが、北鮮域へ伝手を頼って家族ごと疎開を始めたり、女性や子供だけを預かってもらうようになっていました。

これが、南域海側からの朝鮮半島上陸作戦時に、前線基地となりうる沖縄がアメリカ軍の手に落ちたことで、満州と本土を中継する重要拠点であり、大正天皇がお見えになられた聖地でもある京城を守護する「京城決戦」をにらんだ本格的な疎開計画に移行したのです。

京城を失えば鉄道は止まり、満州との連携は取れなくなり、兵の交代、物資の補充も滞るため短期間で満州側の日本軍は疲弊し、崩壊してしまいます。さらに、戦争中も大事な軍の兵糧を支えていた朝鮮半島の米を失えば、日本全体が極度の米不足に陥ることは目に見えていました。

何よりも、国防の要と「大東亜共栄圏構想」の目玉の朝鮮半島を失えば、目的のない、意味のない本土での戦争を、拠点化された朝鮮半島側の空港や港から押し寄せる、アメリカ軍を主軸とした連合軍と戦うだけになってしまうのです。

この最悪の事態を防ぐため、昭和21年（１９４６年）３月までの休校が決定し、父の通っていた元町国民学校（昭和16年改称）も縁故疎開に加え、沿革史が示す通り、子供たちを安全と思われる地域（より内陸北鮮側）への、集団疎開をさせる措置をとりました。

７月には、配置転換となった朝鮮第７６１９部隊が学校の一部に駐留。漢江を渡って、京城に侵攻するであろうアメリカ軍を迎え撃つ布陣を敷きだしていました。

一方で連日、周囲の学校の児童たちは、龍山駅の操車場で、貨物列車に早朝から家族がリヤカーで運んできた家具や子供たちの疎開荷（学用品や着替え、布団、茶碗）を積み込み、縁故疎開地や集団疎開地へと出発して行きました。

また、京城駅でも、すでに多くの本土の港が、アメリカ軍の空襲により機能を失いつつあることと、本土決戦準備のこともあり、本土からの増派が難しくなった代わりに、急きょ満州方面から配置転換され、現地を極秘に立った部隊が続々到着していました。さらに劣勢挽回のために、平壌か満州の工場から運び込まれていたという化学兵器「イペリットガス」が、密かに龍山の軍事施設に収められました。

このため、近々、挺身労働や家の都合で京城から疎開しない家族には、自軍の兵器の存在は伏せつつ、アメリカ軍が化学兵器を使用する可能性があるとの説明で、防毒マスクを買うように愛国班（本土の隣保班、隣組と同じ）から回覧板で案内があったそうです。

「いよいよ、自分たちが暮らす朝鮮半島が戦場になる」近づく戦争を感じ出していた京城の人々。

そして、運命の日8月15日がやって来ました。

一、昭和二十年七月、疎開のため京城府龍山区役所第二館に移転し来る。
一、昭和二十年七月、朝鮮第七六一九部隊宿営のため第一館二、三階、理科室、家事室を貸与す。
一、昭和二十年八月上旬、児童集団疎開地を決定同十一日倉洞に八十四名、十四日全谷に八十四名を疎開せしめ、十二日に徳沼に、十四日開城に疎開荷を発送す。
一、昭和二十年八月十五日、終戦停結に関する詔書放送さる。
一、昭和二十年八月十六日、集団疎開の児童倉洞及全谷を各々引揚帰校す。疎開荷は掠奪せられたるもの多し。
一、昭和二十年八月二十日、邁進五六部隊来り宿舎す。
一、昭和二十年九月八日、進駐米軍の一部宿営し、日本軍は撤退せり。
一、昭和二十年九月二十二日、本校は米軍に接収せられ新に呉伯東当学校長に任命せらる。
一、昭和二十年九月二十四日、学校長山本勝大は新校長呉伯東と共に京城府学務課に出頭し、金学務課長立会のもとに別紙の通り引継を了へ離任す。

学校引継書

一、校地　四、六三一・四坪
一、校舎　一、六五二・〇坪　別紙平面図の通り
一、校具

1.	児童机	九〇〇個
2.	腰掛	一、八〇〇個
3.	事務机	四〇個
4.	椅子	四〇個
5.	戸棚	三〇個
6.	担当箱	一〇個
7.	書籍	一、五〇〇冊
8.	地図・掛図	一切
9.	理科器具	一切
10.	体操用具	一切
11.	標本類	一切
12.	衛生材料	一切
13.	額類	一切
14.	掃除用具	一切
15.	防火用ポンプその他	一切

▲京城元町公立小学校沿革史より
昭和20年（1945年）7月～9月24日まで

第四章

国敗れて山河なし!?

8月15日　玉音放送

「重大放送がこのあと入るので、放送終了ののち列車は走らせる」

8月15日、疎開準備のため、早朝から祖母と兄と三人で、リヤカーに積んできた荷物を貨車に載せたところで、鉄道職員からこう告げられたそうです。そのため、一旦家へ戻りました。

当時、伯母たちは挺身活動で軍服の縫製工場に行っており、当面は、祖母と父たち小学生と妹だけが、祖父や伯母たちとわかれて疎開する予定でした。

挺身活動は、女子の場合は特別に女子挺身隊と呼ばれますが、戦況悪化で人手の足りない工場や鉱山、戦時体制を支えた各公的機関の手伝いなどを行ったものです。

父たち小学生のなかにも（父は飛行帽のあご紐づくりをさせられたそうです）割り当てが回った人もいるもので、一部の学者が言いわけに使っている「慰安婦と女子挺身隊が、ある時期混同されていた」というものは、当時を知る人間にとっては、心底不愉快なものとして話されていました。戦後集まっていた自分たちに、話を聴きに来ていれば間違えようがないからです。

早めの昼を済ませたあと、自宅前の通りに、臨時に設けられた鉱石ラジオの前に、父だけがまだ家事があった祖母の代わりに聴きに出ました。周囲の大人たちに混ざって、これから始まる朝鮮半島での戦争について、覚悟を強いる放送なのだろうと、流れだした放送に聴き耳を立てたそのとき、

「天皇陛下だ！」

一瞬周囲がざわめいたあと、嘘のように静まり返り、放送は続きました。

ノイズが激しく、また難しい言葉遣いのために、小学生の父には話の内容がわからず、放送が終わると、隣に住むおじさんに尋ねて、やっと、日本が負けたことを昭和天皇自らの肉声で告げた、「玉音放送」ということを理解したそうです。

急いで家に戻り、再び祖母と龍山駅へ向かい、貨物列車から荷物を降ろし帰宅したころには、挺身隊の工場から戻った伯母たちも合流、無事全員家に揃ったのでした。

朝鮮半島の日本人の悲劇

昭和天皇の玉音放送を、リアルタイムで聴くことができ、状況の変化を知り、疎開を中止して家に帰った父たちは幸運でした。

北鮮域側で暮らしていた人たちや、疎開のためにすでにそのエリアに入っていた人たちは、そのころには共産主義国のソビエト軍に襲われ殺されだしていたのです。

先に「三・一独立運動」の際に紹介した咸鏡北道羅南方面や満州方面から同時期（対日宣戦布告前の、8月6日には侵攻してきていたと、恐怖の逃避行を体験を交えて話す人もいました）に侵攻してきたソビエト軍は、内鮮人の区別なく女性に乱暴を働いたり、民家に押し入り、家人を殺すと金品を強奪、さらに、転がる死体から懐中時計や指輪を外すと、笑みを浮かべながら自分のポケットにしまいこんだりと、末端の兵士は蛮族のような振る舞いだったそうです。

必死に抵抗していた日本の国境守備部隊も、京城側への配置転換で十分な戦力がなかったため、早期に後退を始めていました。南鮮側の京城で、「ソビエト軍すでに襲来、元山にソビエト軍が迫っている、平壌は連絡がつかない、敵の手に落ちたらしい」という形で、情報が一般人に流れたのは、玉音放送により軍事機密情報が解除されてからでした。

寝耳に水の凶報に、疎開させた家族の安否確認をしなくてはなりませんでしたが、当時は、官庁や企業でも、代表電話という形で設置されているくらいで、電話の数も少なく家庭にあることなどまれでした。また、疎開先は地方の寺院だったり、朝鮮の古い書堂という教育施設などを借り受けていたため、連絡の付けようがありませんでした。

そのため、仕事など手に付かず急ぎ帰宅する人、有志を募り、まだ動かせる汽車で子供たちの救出に向かう人、官吏、民間人問わず浮足立ったところで、玉音放送で興奮状態になった一部の朝鮮人が、南大門広場や各通りにあふれ、日本敗戦の報に「万歳」の声を上げだしたのです。そして興奮そのまま暴徒と化しました。

最初は、日ごろ尊大な態度を取っていた一部の日本人への報復や、数に任せた脅迫的な金銭の要求、商店や貨物列車からの商品、疎開荷の強奪（沿革史にも記載）程度だったそうですが、一夜明けた8月16日早朝、状況は一気に変わりました。

京城の至るところで、共産主義のシンボル「赤旗」が翻ったのです。

前夜の内にトラックや牛車、馬車の荷台に乗った大勢の朝鮮人が、大きな旗らしきものを抱え京城に入って来るのを目撃した人も多く、ソビエト軍侵攻に合わせて動くように、示し合わせていたのだろうと言われていました。

朝鮮半島の大多数の人間が知らぬうちに、日本本国は外交ルートを通じてソビエト政府に対し、アメリカとの講和の仲介を頼むという、すでに戦う力がないことをばらしていました。その状態のなかで、家族や子供たちをソビエト軍の侵攻ルートへとわざわざ送り出し、部隊を逆に京城へと移動させてしまっていたのです。

日ごろから、京城内で様子を探っていたであろうスパイからも、その動きは報告としてあったでしょう。近々、日本がギブアップしたそのときには、京城を混乱させ、撹乱する手はずが整っていたのです。

これにより、朝鮮半島南域の釜山や、最も近い仁川港から、アメリカ軍が早期に京城まで上がってきたとしても、騒乱を抑えないことにはその先には進めず、長年狙っていた朝鮮半島の、なるべく多くの地域を占領下に置きたいソビエトにとっては、これ以上ないほどのベストなタイミングでの仕掛けとなりました。

「東京が白旗をあげたら京城で赤旗があがった」

当時を振り返り、何とも言えない言葉で表現されていたもの。ここに「第二の京城騒擾事件(三・一独立運動)」が起きたのでした。

電柱や建物の屋上など、目立つところでも振られていた赤旗の下で、指導者と思しき男たちが的確に、総督府の関連施設や企業などを指さし、暴徒たちに襲撃を指示していたそうです。そして彼らの巧みな扇動が重なり、興奮状態になっていた一部朝鮮人の行為が、さらにエスカレートしていきました。

大惨劇の始まりでした。近代憲法の大日本帝国憲法の下で裁判所も設けられ、内鮮人弁護士も多数活躍していた日本領朝鮮が、突然無法地帯という地獄と化し、子供たちの目の前で、一般日本人に対する暴行や強姦、殺人が無数に起こったのです。

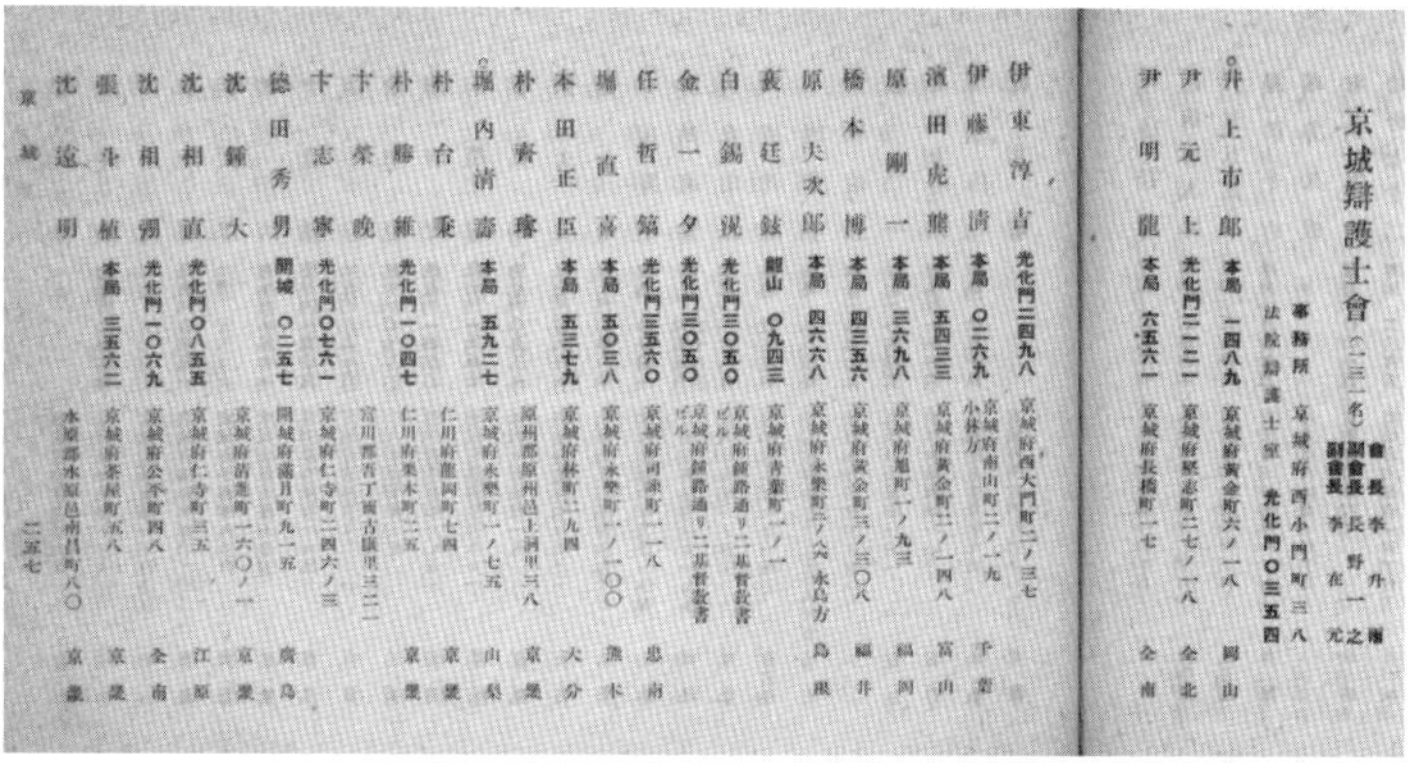
京城辯護士會（一三一名）
會長 李升雨
副會長 長野一之
副會長 李在元
事務所 京城府西小門町三八
法院辯護士室 光化門〇三五四
○井上市郎 本局一四八九 京城府黄金町六ノ一八 岡山
尹元上 光化門二一二一 京城府堅志町二七ノ一八 全北
尹明龍 本局六五六一 京城府長橋町一七 全南
伊東淳吉 光化門二四九八 京城府西大門町二ノ三七
伊藤清 本局〇二六九 京城府南山町二ノ一九 小林方 千葉
濱田虎熊 本局五四三三 京城府黄金町二ノ一四八 富山
原剛一 本局三六九八 京城府旭町一ノ九三 福岡
橋本博 本局四三五六 京城府黄金町三ノ三〇八 福井
原夫次郎 本局四六六八 京城府永樂町二ノ八六 永島方 島根
裵廷鉉 龍山〇九四三 京城府青葉町一ノ一
白錫涚 光化門三〇五〇 京城府鍾路通リ二基督教書ビル
金一夕 光化門三〇五〇 京城府鍾路通リ二基督教書ビル
任哲鎬 光化門三五六〇 京城府司諫町一一八 忠南
堀直喜 本局五〇三八 京城府永樂町一ノ一〇〇 熊本
本田正臣 本局五三七九 京城府林町二九四 大分
朴青琫 原州郡原州邑上洞里三八 京畿
○堀内清壽 本局五九二七 京城府永樂町一ノ七五 山梨
朴台秉 仁川府龍岡町七四 京畿
朴勝維 光化門一〇四七 仁川府栗木町二五 京畿
卞榮晩 富川郡吾丁面古康里三二
卞志寧 光化門〇七六一 京城府仁寺町二四六ノ三
徳田秀男 開城〇二五七 開城府滿月町九一五 廣島
沈鍾大 京城府清進町一六〇ノ一 京畿
沈相直 光化門〇八五五 京城府仁寺町三五 江原
沈相弼 光化門一〇六九 京城府公平町四八 全南
張斗植 本局三五六二 京城府茶屋町五八 京畿
沈遠明 水原郡水原邑南昌町八〇 京畿
京城 二五七

▲日本辯護士名簿（昭和14年・1939年）より京城辯護士会
京城辯護士会会長は朝鮮人、副会長は日本人一名、朝鮮人一名と記載。
（国立国会図書館ウェブサイトより）

アメリカ軍が京城に入り、事態が収束するまでの約3日間の18日までに、100万都市になっていた京城だけで殺された日本人の数は、少なくとも1000人を超えたと言われていて、死者、重軽傷者は、推定3000〜5000人という大惨事となりました。さらに騒動後、妻や娘を守れなかったことから、一家心中を選ぶ家庭、心身ともに傷ついた若い女性の、本土への引揚げを目前にしての自死は、その場に居合わせた多くの日本人に心の傷となって残りました。

また、北鮮域でも玉音放送後も続いた、ソビエト軍の軍事行動とも言うにはおぞましい、非人道的な行為により、内鮮人多数の民間人が殺されたと言われています。

京城は教育機関が多かったこともあり、未成年者の性的被害者も続出しましたが、北鮮域では、ソビエト軍に子供たちの疎開中を襲われ、連絡がつかないまま戻ってくることなく、行方不明になった例もありました。

この部分が現在、本土の戦争しか知らない大多数の日本人に伝わっていないことで、いくつか重要な問題が見えなくなってしまっています。

それは、大正8年（1919年）3月1日に京城で起きたことと、昭和20年（1945年）8月15日に起きたことが、状況として極めて酷似しているというものです。

大正期は、日本軍が対ロシア革命として、シベリアに出兵するなかで、昭和期は、ロシア革命ののちに共産主義国となったソビエトの軍隊が、日本領朝鮮に侵攻を開始しているなかで、どちらも京城が揺さぶられたということです。

そして、一方は軍隊があり即座に対応、鎮圧できたのに対して、一方は形としての軍隊はあっても、指示系統が玉音放送で一旦停止し、襲われるまま被害が拡大したということ。角材や刃物を振り回す暴徒に対しては、混乱に巻き込まれた警察だけでは、手の打ちようがなかったのです。

その後、治安を回復したアメリカ軍の指示に従い、日本側は各学校教育施設も、ほかの官庁同様に目録や引継ぎ書（沿革史記載）などを作成して、朝鮮側（現在の韓国）の新しい責任者たちに対面して、引継ぎを行っていきました。日本側だけで資料を整理して、引揚げたわけではなかったのです。

そして、この作業がされている間にも、多数の暴れていた共産主義者やさまざまな反日勢力が、日本との独立運動を戦ったというアピールをアメリカ側に行い、総督府内に入り込んでいき、この時点で、いろいろな情報に触れることができていたということになります。

このことを知らずして、同じ日本領だった台湾と違う、朝鮮半島の異常なまでの反日の原因はわかりません。また、１９６５年の「日韓基本条約」の重要性は理解できませんし、現在の日本政府見解の、正しい意味を理解することもできないのです。

当然ですが、日本は「日韓基本条約」ですべてが終わっているという立場ですし、それは正しいものです。一部朝鮮人による、日本人に対する虐殺劇もまた解決済みなのです。現在の韓国人、在日韓国人が非難を受けたり、責めを負わせられるものではありません。


はないか。

　また ソ連兵は当時、北朝鮮にいた女たちを、略奪、暴行、強姦、虐殺など、あらゆる卑劣な行為をしたあげくに、男たちをハバロフスクへ捕虜として連行して 収容した。そのために 寒さと飢えのために、死んでいった日本人が何万人といたことか ・・・。

このようなソ連のやり方を、私は 今も許せないのだ。

　昭和２０年８月１５日 正午の日本敗北の報道と同時に朝鮮全土 少なくとも 京城市街地で、朝鮮人（今の韓国人）によって大暴動がおき パニック状態となった。

　今まで 朝鮮人をいじめていた日本人の家へなだれ込み、前述したソ連兵のように、略奪、暴行、強盗、強姦、虐殺など、あらゆる卑劣な行為が 連日のように行われた。

　そのために一家心中をした日本人の家族がどのくらいいたことか。あの悲惨な姿は１２才だった私の眼に、今もってはっきりと焼き付いている。

　幸い私の家では、戦時中から朝鮮人と親しく付き合っていたためか、他の朝鮮人から守ってくれ、早く日本へ帰れといって 餞別をくれた人までいた。

▲京城元町国民学校35期生同期会「柳会」会報誌「柳３号」より体験者の記述
注）北朝鮮とは北鮮域のこと。

しかし、同時に日本の一般婦女子を暴行したことや、多数の日本人を死に至らしめたり、財産を強奪した事実をまったく教えていない、韓国の歴史認識を安易に使って、誰であっても、日本に対しての挑発行為を含む、「日韓基本条約」を軽んじた、あらゆる政治利用をしてはならないのです。

「停戦後の朝鮮の状況について語りたい事は多いが、紙面を節約して、只一言附加したい。それは此程京城や仁川で聞く所、總て（総て）日本人の、特に総督府所属官吏等の醜態と今後の日本人側の不安状態とのみであった。思ふに非を非として指摘するのは今後の改善の爲に極めて大切ではあるが、外國で、殊に同胞が一致協力を要すること今日より大なるはない時に、殆んど非難のみを事とし合ふ事は、如何に敗戦國民と雖も面白くない。恐らく祖母が可愛い孫娘の缺点（欠点）を事毎に指摘するのと共通の心理もあるだろう。外國人なら我慢できるが、同胞の非行は我慢できないと云ふ意味もあろう。

併し中には今迄陰では悪い事をしながら、表では威張り散らして居つた役人に向かつての反感もあるだろう。

此様な中で只二人丈賞められた人を聞いた。其一人は京畿道警務部長岡氏で此人は十六日十七日の示威運動の際よく部署を守り、權能（権能）なき朝鮮人の接収申し出及至《ないし》脅迫を撃退したと云ふ。同様な事は京城電気社長穂積眞六郎氏についても云はれてゐる。

総督府が瓦解した後日本人の世話をしたのは此日本人會位のもので、穂積氏のしっかりして居つた爲といはれる」

『生みの悩み』（昭和22年・１９４７年）より一部抜粋しましたが、ここにも記されているように、朝鮮総督府は一時的に機能不全に陥り、脅されるまま、一部施設を朝鮮人暴徒に乗っ取られていました。その上、一般市民を守る機能すら失われていました。

京城大学を筆頭に、各教育機関には本土から、帝国大学教授や多数の教職員が派遣されていて、南大門付近には、朝日新聞社、毎日新聞社、一部地方新聞社の支局、ラジオ局がありました。その南大門通にも、襲われた日本人や、巻き添えを受けた朝鮮人の座り込む負傷者や、遺体が横たわり、暴徒の眼を盗みながら、内鮮人が手分けして最寄りの建物に収容していったのです。

再び離れた日本と朝鮮半島

日本領朝鮮は、ソビエト軍の突然の侵攻からの、検問設置による南北分断と、都市型テロの様相を呈した京城の暴動を含む、日本人の大量死という悲劇的な終わりを迎えました。

検問をつくられたため、北鮮域からの脱出の際、リヤカーのなかに声を上げないよう諭したあとに、女児を毛布にくるみ荷物の陰に隠し、ソビエト兵に襲われないようにしたり、日中は山に隠れ、ソビエト兵の監視が緩む夕刻に降りて、川の水で喉の渇きを潤しながら、陽が沈みきる前のわずかな間を移動し、親子で再び2か月かけて京城に戻ったりと、共産主義の軍隊の恐怖を味わって引揚げた人も多かったのでした。

アメリカ軍の制圧下となった京城には、日本敗戦の報から、続々と海外に逃れていた反日活動家も戻って来ました。そして、先に朝鮮総督府に入り込んだ仲間たちに迎えられ、短期間の内にあらゆる権力を手中に収めていったのです。

父たちは、昭和20年（１９４５年）12月上旬に日本へ引揚げるのですが、その直前に、本土から戻った徒党を組んだ朝鮮人に脅しをかけられ、住んでいる家を奪い取られそうになりました。

しかし、祖父の弟の叔父（陸軍大佐）の部下だった朝鮮人元尉官の方が、事情を知ると素早く対処して下さったそうです。

その方は、日本から引継がれた京城大学（現韓国ソウル大学）の管理をされていたそうですが、ソビエト軍の侵攻で故郷に戻ることができなくなり、学内で生活を余儀なくされていた柔道部の北鮮域の朝鮮人の学生さんたちに事情を話し、ボディーガードとして送り込んで下さったそうです。毎朝、これ見よがしに屈強な体躯の学生が、体操をする姿を見せつけた結果、脅しが止みことなきを得たそうです。

さらに引揚げの当日、

「トラックの手配をと思いましたが見つからず、こんなものしか用意できませんでしたがお使いください」

と、農家が操る馬車を用意して下さり、ほかの日本人がトボトボと重いリュックを背負い、釜山まで降りる駅目指して歩くなかで、のんびり荷台に乗せた荷物の上に寝ころび揺られていくことができた、本当にありがたかったと、親族が集まるとよく感謝の念を込めて話していました。

日本が敗戦国になってもなお、それまでの交友を捨てなかった朝鮮人は数多くいたのです。

京城の惨劇の際に、暴徒が日本人か確認するため日本語で話しかけたあと、朝鮮語に変えて、応えられない人間をあぶりだしていた際に、朝鮮語でまくしたて、そばの日本人を守った人や、とっさに、自分の家に見ず知らずの日本人を何人もかくまった人。わざわざカンパを募り、去り行く日本人の経営者にお金を持たせ、港まで出向き見送ってくれた従業員の人たち。さまざまな人たちのことを、朝鮮半島から引揚げた日本人は感謝を込めて語っていました。

それでも残念ながら、暴力をもって平然と日本人を殺していった反日勢力が権力を握ってしまったなかでは、日本人に朝鮮半島に残る選択肢はありませんでした。

自分たちと一緒に、どんな形でも残って近代化を手伝ってほしい、インフラの技術指導を今後ともお願いしたいと、声を掛けてくれる朝鮮人も少なくなかったそうですが、玉音放送以降、明確な本土からの、朝鮮半島に対する姿勢が伝えられないなか、アメリカ軍が治安を維持していて、引揚げ船があるいま帰るしかないとの決断を取る人が多く、事実上の総撤退になったのでした。

ここに、明治時代からの「縁の深い朝鮮民族の近代化を日本民族が助け、韓国の維新を成し遂げ、興亜の流れをつくり、日本の国防・国力の発展に繋げる」という、興亜の旗の下の日本と朝鮮との、人と人との関りも終わったのでした。

こうしてただ一つ、「反日本」という部分を除き、バラバラな思想や思惑を持った人間たちによって、今日まで続く、反日国家「韓国」が建国されることになったのです。

現在、みなさんが見ている韓国は、そんな反日勢力の、根深い日本に対する偏見や反感に基づいて、徹底して行われた思想洗脳教育が生み出したものです。

日本側の、戦後のいい加減な報道や教育のせいもあり、一部に誤解が広がっているようですが、朝鮮民族が最初から反日だったわけではないのです。同じ時代、朝鮮半島の発展を願い、現地に乗り込んだ日本人とともに汗を流した、多くの朝鮮人の存在抜きに、韓国、北朝鮮を、今も支えているインフラを含む、朝鮮半島の近代化などできるはずはありませんでした。

戦後の話

ここからは、日本に引揚げてのち、伯母千枝子と父稔が東京に出たいきさつからになります。まず最初に、鳥取から東京に出たのは伯母の千枝子でした。

京城時代に女学校を卒業後、終戦まで経理として勤めていた大藤鉱業事務所（麗水金山採掘権所有）社長の大藤孝章氏が引揚げ前にこう話したそうです。

「戦争に負けたからといって、下を向いて生きるのは止めよう。自分は東京に戻り次第、もうひと旗立てるつもりだ。そのときには、また君たちと働きたい。めどがつき次第、連絡を取りたいので、可能な限り連絡場所（本籍地や引揚げ予定地）を教えてほしい」

そして、言葉通りに、翌年の昭和21年（１９４６年）人に託し、鳥取まで手紙をくれたそうです。その心意気に打たれた伯母は、家族を支えるためもあり、この申し出を喜んで受け入れ、すぐに上京しました。

新しい会社は、東京都千代田区丸の内2丁目2番地丸ビル内の、日本船舶興業株式会社といいました。会社の社員は伯母だけではなく、第二高等女学校時代からの親友の女性を含めて、朝鮮時代からの見知った顔ぶればかりだったそうです。

こうして大正時代、韓国皇帝の駅として、東京駅に似せて造られた京城駅建設担当者の娘は、モデルとなった兄ともいうべき東京駅の、すぐそばの丸の内で働くことになりました。この新しい会社の事業内容は、主に船舶のサルベージでした。

これは、戦争中にアメリカ軍の空襲により製鉄所もやられ、鉄材が不足するなかで、沈んだ軍艦や輸送船を引揚げて、船体などを鋳潰して、必要とされている復興資源に充てるという事業でした。仕事の都合から、大陸の窓口となっていた下関港や博多港など、西日本エリアの港湾関係者とGHQや役所とを繋ぎ、許可を取るために上京する人たちの宿の手配、滞在中の観光案内まで行っていたそうです。

また、地方との連絡口にもなるため、伯母たちを通じて、終戦間際の、疎開前や混乱のなかで京城から去る前に交わしていた「自分の本籍は○○」「引揚げて父親の故郷の○○に取りあえず行く予定」などの会話からの情報や、持ち帰られたわずかな学校などの書類を頼りにして友人知人の安否確認を行っていました。

東京を訪れた地元の人に該当者がいないか確認を取ってもらったり、仕事で社員が現場へ出向いた際に、足を伸ばして役場で確認を取ったりしていたのです。

	同	七〇一,〇〇〇	鈴木常吉	京城府青葉町三ノ一〇八
大藏砂金鑛	砂金	一,〇四〇,〇〇 里町間	鄭昞基	楊平郡葛山面楊根里四一七 森川方
聖麟金鑛	同	一,一三〇,〇〇 里町間	閔麟鎬	春川郡春川邑大成町二ノ一一一
麗水金山	金	四三〇,四〇〇	大陸孝章	京城府貞洞町二七
八寶金山	同	二四六,二〇〇	柳錫燦外一	同府昌成町九八ノ六、
寶龍金鑛	同	一五五,〇〇〇	株式會社三和外一	同府新設町一三二
	同	九五〇,〇〇〇	姜悳熙外一	同府新設町一三七ノ一二四

▲朝鮮鉱区一覧（昭和16年・1941年）より
大蔭孝章氏掲載部分
（国立国会図書館ウェブサイトより）

朝鮮人の鉱山所有者の名前も記載されているように日本人・朝鮮人で差別・区別されることなどありませんでした。

この部分も、一方的に日本は朝鮮を植民地にして搾取をしたと主張する、韓国の歴史認識との違いになります。

日本主導で進む朝鮮半島近代化の恩恵により、土地が住宅用地、商業・工業用地、鉱物資源開発地などとして活用されていき、売買や賃借でお金を生むようになり、土地所有権を手に入れ大地主となった両班などの特権階級層にも恩恵をもたらしていたため、三・一独立運動以降、終戦時に反日活動家や共産主義者に煽られるまで、大規模な抗日運動は起きることはありませんでした。

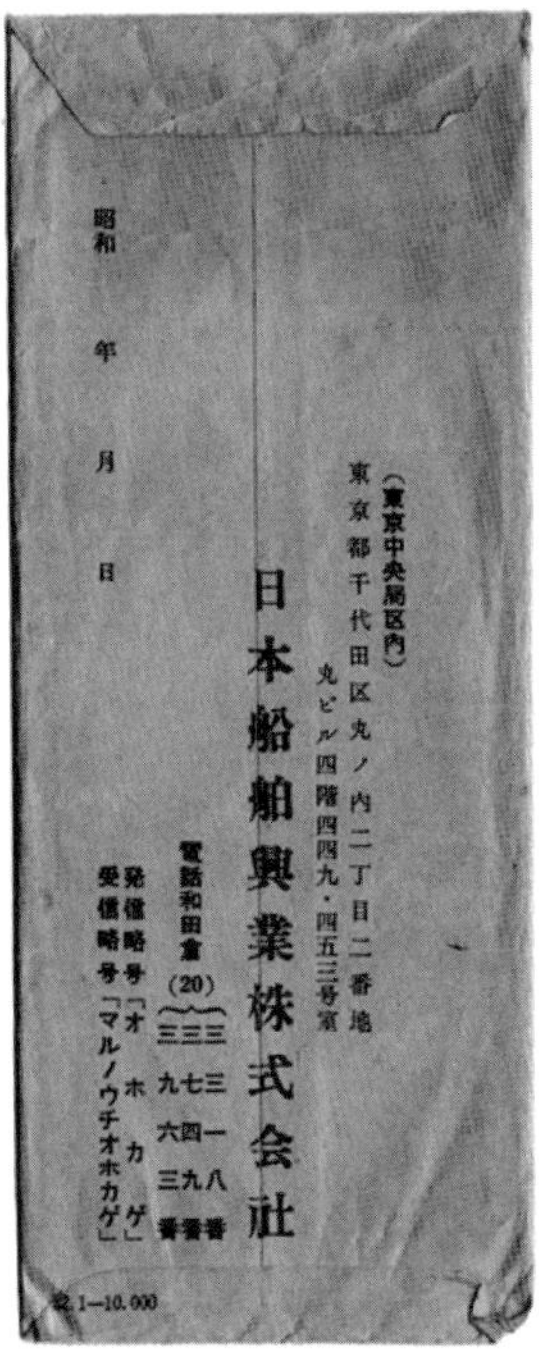

▲実際に使用していた日本船舶興業株式会社の封筒

東京丸の内ビルには、終戦まで、南満州鉄道株式会社と朝鮮総督府鉄道局の、満州・朝鮮の案内所が設けられていました。朝鮮半島や満州は戦地ではないため、鮮満縦断の観光ツアーも組まれていました。また、鉱物の輸送にも鉄道は欠かせないために、鉱山経営者は日ごろから両組織と付き合いがありました。

戦後すぐに、朝鮮引揚げの日本人が一等地の丸の内ビルに入れたことも、こういう人脈を抜きには語れません。日本と朝鮮・満州は、戦後の日本人が考えるよりも遥かに緊密な人間関係を持っていました。そして、それは戦後も続いていたのです。

実は、このことが朝鮮戦争が始まったのちに生きてくるのでした。

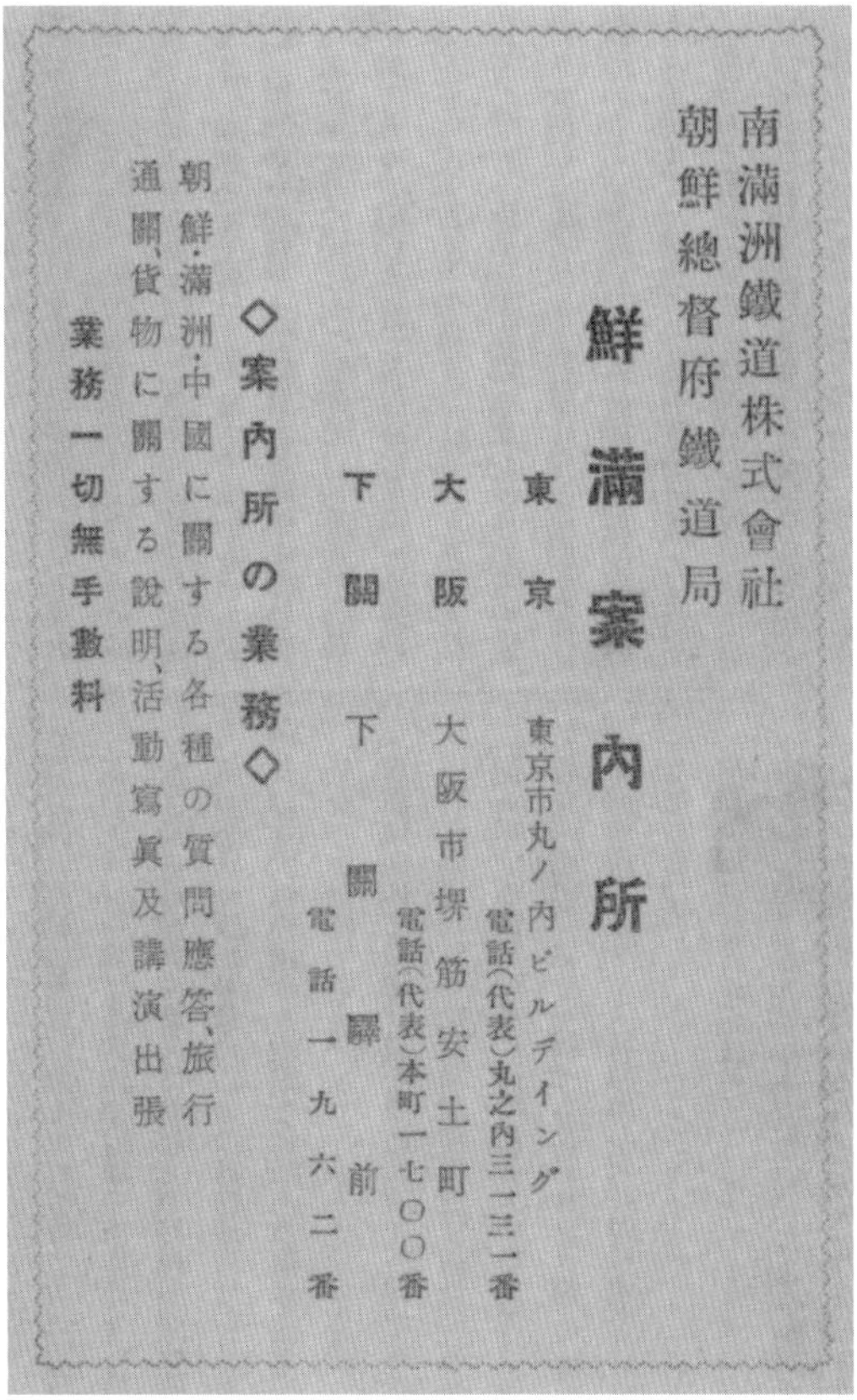

南滿洲鐵道株式會社
朝鮮總督府鐵道局

鮮滿案内所

東京　東京市丸ノ内ビルディング
電話（代表）丸之内三一三一番

大阪　大阪市堺筋安土町
電話（代表）本町一七〇〇番

下關　下關驛前
電話一九六二番

◇案内所の業務◇

朝鮮・滿洲・中國に關する各種の質問應答、旅行通關、貨物に關する説明、活動寫眞及講演出張

業務一切無手數料

▲朝鮮旅行案内記（朝鮮総督府鉄道局発行・昭和９年・1934年）より
（国立国会図書館ウェブサイトより）

父の上京

父稔が東京に出るきっかけは、伯母が事務所に出入りする朝鮮時代の知り合いから、看板に文字や絵を描ける人を探していると相談を受けたことからでした。

昭和29年（１９５４年）戦後復興から高度経済成長期へと入ろうとするなか、起業や工場建設が活発化し、旺盛な看板の需要が生れていました。

「稔、あなた東京に出てみる気はない？」

鳥取で看板業社に勤めていた父は、伯母の口利きを大都会へと出る好機ととらえ、思い切って誘いに乗ることにしたそうです。

こうして、翌昭和30年（１９５５年）父も上京したのでした。父は、鳥取から長旅を経て東京駅に降り立った際に「なるほど親父（靖国）の話していた通り、東京駅と京城駅はよく似ているな」と思ったそうです。

京城駅は、あとから意識して似せて造ったのですから、当たり前といえば当たり前なのですが、戦争中の空襲被害で、東京駅のほうが特徴あるドーム天井を失い傷んでいても、内部などは子供時代に、構内を「東京駅のどこを参考にした」と祖父に指さして誇らしげに教えられた通りに、その関係性が十分に感じられたという話でした。

その後は、しばらく伯母のマンションに居候させてもらい、紹介された看板製作所に通ったそうです。

「不思議な縁」、私が子供のころから、いくどとなく聞かされた父の驚きの体験。このときはまだ、このあとに起きる事態を、当人も予想もしていなかったのでした。

朝鮮戦争

この父の上京の5年前、昭和30年（1950年）6月25日から朝鮮戦争は始まりました。日本が真珠湾攻撃からの大敗北で、大国間のパワーゲームに敗れ転がり落ちたあと、世界はアメリカとソビエトによる米ソ対立（自由主義陣営と共産主義陣営の戦い）になっていました。

韓国においては、敵の敵は味方と、アメリカ側が、終戦当時、抗日活動を訴えていた共産主義者たちを、ほかの反日勢力ともども日本の朝鮮総督府から業務を引き継がせる際に、内部に入れてしまっていたわけですが、そのつけは大きいものでした。

共産主義勢力の、朝鮮半島全域への影響力拡大にとっても、都合のいい北朝鮮による軍事侵攻を可能にしたのは、この、韓国政府内部にいるスパイでした。

日本が、戦前何度も疑いながら決定的な対処ができず、最後の最後に、京城で混乱を起こされて多数の人命を失わせてしまった共産主義の優れた諜報網。

誰が敵か味方かわからない。こんな状態で、明確なビジョンもないまま「反日」を頼りに、計画性のない国家運営を行っていた李承晩大統領に、この難局をこなせるはずがありませんでした。

日本敗戦後、アメリカ、ソビエトの思惑によって、朝鮮半島は南北に分断されことで、韓国は北鮮域の地下資源や、昭和に入って朝鮮半島経済のさらなる発展と、東南アジア諸国の独立の支援で手に入れる予定だった資源を加工するために開発されていた水力発電所や、重工業群を失っていました。さらに、満州という朝鮮経済にとって欠かすことのできなかった市場であり、火力発電や暖房に必要な、良質で安価な石炭の供給元を失っていました。

本来ならば、日本との関係を早期に改善し、インフラの更新と、経済の発展を図らなければなりませんでしたが、「反日」に頼ったことで、経済活性化に必要な市場もエネルギーもこと欠く、悲惨な状況が朝鮮戦争前から生み出されていたのです。

外貨がなければ、不足しがちな医薬品も手に入れられないのです。併合時代から一変して、生活状況は日に日に悪化していきました。

そのなかで、北朝鮮が仕掛けた朝鮮戦争は、途中から共産主義の大国中国の介入を招き、首都進攻を許してしまいました。

「日本と戦っていた」架空の抗日戦争を言い立てて、取り入られていた当時の韓国軍人は、元馬賊など、大陸各地の抗日戦線を支えていた本物の戦士が加わった中国共産党軍の猛攻に怯え、あっさりと陣を割り、前線が崩れソウルが火の海となったのです。

併合以来、日本人と朝鮮人がともに力を合わせ発展させ、日本の都市人口第6位とも第5位ともいわれるまでの大都市になっていた京城。ソウルに改称されたとはいえ、当時を知る引揚げ日本人は、報道で知る惨状にたいへん心を痛めたそうです。

私の父も、当時の映画館の本編の前に流れる短いニュース映画で、子供時代に学校行事や祖父のお供で訪れた見知った仁川が、地形が変わらんばかりの米軍の凄まじい艦砲射撃にさらされる映像を見て驚いたそうです。

また、そんな状況のなかで、引揚げる際にお世話になった京城大学を引継がれた叔父の部下だったかたや、学生さんたちがどうなったのか、非常に心配だったと話していました。

このときはまだ、父は鳥取にいたため知らなかったのですが、この朝鮮戦争が始まってしばらくすると、東京や一部の地域のごく限られた外地満州・朝鮮の引揚げ日本人に対し、ある政治家から内々に問い合わせと依頼がありました。

戦争に敗れて以降、内向きな姿勢ばかり目立っていた日本にも、この状況を正しく理解し、対応しようとした人がいたのです。

第五章

永遠の恋人を目指して

揺れる日本

1950年代は、日本にも社会主義や共産主義に夢を見ていた人たちが大勢いました。そのようななかで、朝鮮戦争を受けて先の世界大戦の戦勝国であり、日本占領軍の中核だったアメリカと結ばれた日米安全保障条約。一般日本人を虐殺した共産主義国ソビエトの南下の意思が見える緊急事態にあって、自国の軍隊を失った無力な日本に選択肢などなかったのですが、終戦間際の外地満州・朝鮮で何があったのか知らない、知ろうともしなかった人たちにとっては、これが戦争への道に見えたのでしょう。安保反対の声は日ごとに大きくなり、日本社会を揺さぶっていました。

大学や職場でさまざまな形で、活動家によって運動が盛り上げられ、ときに流血の事態も起こる、世の中は騒然としていました。誰が敵か味方かわからない。日本もまた韓国と同じ状況になっていたのです。

こんななかで、日本船舶興業の大蔭氏や、伯母千枝子ほか社員の人たちに問い合わせと、その話を表に出さない形で、ごく親しい外地を知る関係者に回して欲しいという依頼があったのでした。

秘密裏にことを運び解決策を練る。朝鮮戦争で日本は、戦争特需で儲けただけのようにとらえている人が多いようですが、実際には、日本はあの戦争を受けて、武器を用いない戦いを、一般人には知られないよう深く静かに始めていました。

この戦いに必要な情報を得るため、依頼してきた政治家が岸信介氏でした。戦後の政治家の一人として、日米安保問題とともに日本の近代史に名を遺すこの人物の説明は、今さら必要ではないでしょう。この政治家もまた、大東亜戦争（太平洋戦争）前の昭和11年（１９３６年）満州に入り、地域経済発展に力を振るった興亜主義者であり、伊藤博文を生んだ山口県出身、関釜連絡船の日本側の港だった、朝鮮半島との窓口下関を地盤にもつ、外地で日本が何をしようとしていたのかを、何が起こったのかを、正しく知っていた日本人の一人だったのです。

依頼の内容

伯母千枝子が話していた岸信介氏からの依頼内容は次のものになります。

「朝鮮総督府官吏（この場合は対韓国ですので、京城（ソウル）の総督府庁の役人だったようです）または、終戦まで外地にて、重要任務に当たっていた人物に心当たりがあれば、その人に対し、最後まで日本とともに歩んでくれた朝鮮人（現韓国人）の官吏や、京畿道、慶尚南道など、重要地域の有力者の人物の名前を教えてくれるようにと告げてほしい。

その朝鮮人（韓国人）の当時の階級や人物像、あなた（教えてくれる人）とその人との関係も、可能な限りお願いしたい」

敗戦からの朝鮮半島の混乱は、それまでの人間関係が簡単に壊れていくものでした。とりわけ、京城で起きた事態は深刻で、日本と朝鮮半島との関係を、再び遠いものと変えていたのです。大敗北に終わり、それまでの威勢を失い去り行く日本人のために、便宜を図ったところで得るものはありませんでした。それどころか、その人自身が、併合以来日本に追払われていた反日勢力が続々戻るなかでは、どうなるのかわからない状況だったのです。

保身を考えれば新体制に媚びを売るうえでも、これ見よがしに、日本人に対して冷淡に振舞ったとしてもおかしくはなく、実際そういう人たちも続出したそうです。それでも、毅然とそれまでの関係を壊すことなく、朝鮮総督府からの引継ぎを手助けし、引揚げる日本人に便宜を図ってくださった、気骨あふれる朝鮮人を探していたのでした。その人たちが、現在の韓国でどのような地位にいるにせよ、彼らとの連携を取り、深い亀裂の入った日韓関係を立て直す。これしか、国内外の状況を鑑みて打開策はないという考えだったそうです。

昭和50年（1950年）からの朝鮮戦争を受けて、韓国との関係を改善し、対岸を敵勢力に渡さない。そのために、岸信介氏は、ありもしない併合時代の日本の非道を国民に信じ込ませ、たびたび日本を挑発していた、反日の首魁である李承晩大統領を、真の交渉相手とは見なしていなかったのです。

しかし、外務省ルートでは、終戦まで日本領だった朝鮮半島の人間関係などわかるわけはありませんでした。また、情報漏れを極度に警戒する必要がありました。

そのために、自身もそうであったように、外地を知り秘密を共有できる人間の力を必要としていたのです。

「日本船舶興業」の場合、東京丸の内と永田町や霞が関などの政治の中枢にも近く、また、社長も社員も朝鮮京城から引揚げた人間で、終戦前後、外地で何があったかを承知していて、業務的に、大陸・半島と密接な関係を持っていた満州鉄道関係者、西日本、日本海側の港の関係者やその地に帰ってきていた引揚げ日本人と連絡を取りやすかったことで、話が回って来たそうです。

こうして、秘密裏に満州・朝鮮から戻った実際の朝鮮人（韓国人）を知る日本人たちによる、人物照会が行われていったのです。

偶然の出会い

静かに、それでいて素早く、限られた関係者に回っていった人物照会は、終戦時、小学生だった父には無縁でした。そういうことが、当時行われていたとは伯母から聞いていましたが、特別関心を持っていなかったそうです。

それがある日、看板製作会社での仕事中に、持ち込みの看板の依頼をされたお客さん（その方は自身で看板業を営まれていたのですが、企画や取り付けだけで、絵や文字の依頼を頻繁にされていたそうです。そのため、父と顔なじみとなっていました）と親しく世間話をしていたときのことでした。

話の流れのなかで、自分が鳥取から東京に出てきたことをその方に話すと、

「自分が部隊にいたときに、鳥取から入隊した人がいたけれど、非常に訛りがきつくて聞き取るのにも苦労したよ、きれいな言葉使いだね」

と言われたそうです。そこで、父は祖父の仕事の都合で、旧日本領だった朝鮮半島の大都市京城で生まれ、終戦時も、龍山の元町という場所で暮らしていたのだと話しました。

「えっ龍山⁉」

本当に驚きの声をあげられたそうです。奇跡というべき巡り合わせでした。この人は、父たちが暮らしていた龍山に置かれていた、朝鮮軍第20師団（京城府漢江通 新龍山）の歩兵第78連隊、歩兵第79連隊の生き残りの方だったのです。

そして、「実は自分は……」と話されたのは、日本兵のなかでも特殊な朝鮮人志願兵であったことだったのです。

朝鮮軍第20師団

戦前の項目で触れた、京城府龍山に置かれた第20師団司令部。そこに所属して、日本領朝鮮半島や京城の有事に備えていたのが、歩兵第78連隊と第79連隊でした。

朝鮮半島に置かれていた20師団（その内の79連隊部分）の顛末を、父と同期のかたが書き残しておられ、「柳会」にて配られたものがありますので、一部を引用させていただきます。

「開戦からわずか1年1か月、私が小学校3年生の冬休みのころです。79連隊の死の舞台への幕開けは、京城府民の誰一人知らない間にそっと開かれたのでした。

出動を控え熱地作戦に明け暮れた猛訓練、全員が髪と爪を入れて遺書を書くように命ぜられたそうです。

時、すでに決死隊の出撃でした。昭和18年1月8日深夜、兵舎を出て営庭に整列、雪のなかを龍山駅に向かう。道路に張り詰めた氷に足を滑らせて転倒する兵士が続出、完全軍装の重みは一人では起き上がれなかったと言います。貨車に詰め込まれ、零下20度の隙間風は手足の感覚を奪う。朝鮮半島南端の釜山から総勢４３２０名は昭和18年1月21日にニューギニアのウエワクに上陸する。

半年ぐらいで糧食は尽き、高温、多湿な、自然環境のなかで激流を渡り、険しい山を越え、ジャングルに潜み、ありとあらゆる困難が待ち構えていたのでした。全員がマラリアに罹り、疫病は屈強な兵士をも襲う。ほとんどが戦病死、餓死の島で心を痛ましめ、目を覆はしむるもの、かくのごときものあらんや、その惨状を語る言葉もない修羅の地獄でした。

昭和21年1月31日。引揚船で浦賀に上陸できたのはわずか2％、91名の方々が祖国の土を踏まれたのでした。『全員、極度の衰弱』やっとやっとの帰国でした」

当時、冬になれば漢江表面に氷が張り、子供たちが天然のスケートリンクで滑りを楽しめた時代の京城。20師団の兵士たちは、亜熱帯の東南アジア方面への急な出撃のため、熱地作戦なる極秘訓練を行ったのち、大人数がいなくなることを、京城内にいるであろうアメリカやソビエトのスパイに気取られることを防ぐため、極寒の深夜に出発したのでした。

これは、守りが手薄になったことを知られれば、陸続きの大陸では容易に軍事侵攻を受けかねないことと、再び、京城で騒動を起こされ、揺さぶられることへの警戒でした。生きては戻れないことを前提に、遺書を欠かされ誰にも見送られることもなく。

のちの世に「従軍慰安婦強制連行」などという濡れ衣を、あろうことか命を懸けて守ろうとした日本の政治家や、マスメディア、学者、弁護士に負わされるとも知らず。

昭和17年（1942年）勝ち目のない終わらせるべき戦いを、無策なまま続けた日本軍首脳によって開かれたニューギニアの戦い。そこに加えられた兵士の体験は、第20師団第78連隊、79連隊のみならず凄まじいものでした。

まだ、鉄道が敷設されない状態で始められた真珠湾攻撃。長時間に及ぶ、船による東南アジア方面への日本軍の展開は過酷すぎ、輸送船のなかで、すでに病気に罹る兵士が続出していたそうです。さらに、上陸してからも兵糧不足や医薬品の欠如、環境の違いは体を蝕みました。病み衰えたなかでは、次々と倒れていく仲間の形見を持っていくことさえも不可能にしていきました。

この、地獄のニューギニア戦線からの、限られた20師団の生還者のお一人が、私の父が偶然仕事先で知り合ったかたでした。父より子供時代から聞かされた、このかたの経歴は次の通りになります。

20師団所属元日本兵、慶尚南道出身、朝鮮志願兵制度により志願。

合格ののち猛訓練を経て龍山駅より出撃（未だ続く韓国の反日と、それを利用する日本の一部の異常な勢力に配慮して、お名前は伏せさせていただきます）。

ニューギニアより極度の疲労の状態で復員。そのころすでに朝鮮半島が南北に分断され、それぞれに反日勢力下に落ちたなかで、仲間の日本人元日本兵により、この日本に留まり体力の回復と、帰るにしても必要になるお金を貯めながら状況を見極めたほうが良い、仕事の口なら自分たちがなんとかするから、国に命を捧げて来たんだ、残ることに何の問題があるのかとの説得を受けて、第二の故郷日本で、在日韓国人となられた最初期のお一人でした。

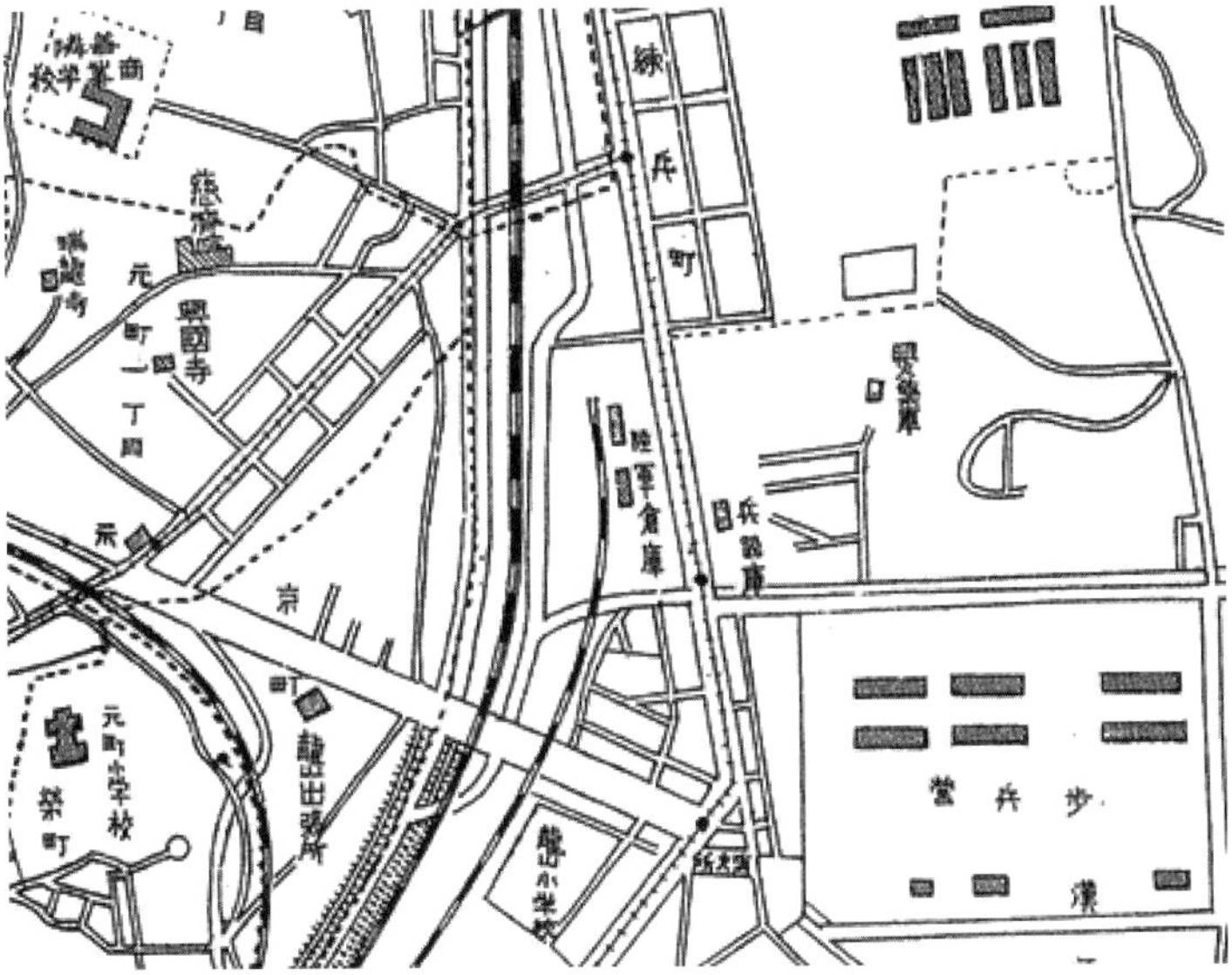

▲20師団歩兵営（歩兵の生活場所）と父たちが住んでいた元町一丁目　『日本列島を繞る激動の昭和半世紀の史料；6』より（国立国会図書館所蔵）

おかしな話

父と出会ったこの方自身が朝鮮人であることを明かされると、父が目の前で手掛けている看板を指さしながら

「今君にやってもらっているそれも、実は自分と同郷（慶尚南道）の人間で、弟分のように可愛がっている者が経営している工場に付けるものなんだ」

と話されたそうです。

その面倒を見ている若者は、慶尚南道蔚山から日本に渡ってきた人で、職をいくつか変えたあと、日本人との伝手がある元志願兵の方などの支援を受けて、東京で製菓業を営んでいました。若者の名は辛格浩《しんきょくほ》、日本名を重光武雄氏（2020年1月19日韓国にて死去）、会社名をロッテ製菓といいました。

現在のロッテグループ、ほとんどの人がその名を耳にしたことがあるだけではなく、ガムやチョコ、アイスなどを食べたり、韓国旅行を楽しまれたかたなら、かなりの確率で訪れたことがあるであろう、現在のソウル駅内にあるロッテマートなどを経営している、韓国5大財閥の一角を占める大財閥最初の企業でした。

近年、創業一族の「日本で稼いだお金をすべて韓国に投資してきた」という発言から、日本においては、何かと敵視する人が生れてしまったようで、私自身、インターネット上でその創業からの急成長振りに疑問を感じたり、何やら後ろ暗いやり口で大きくなったのではないかと

書かれてしまっているのをみて驚きましたが、それらは誤解です。

なぜならば、このときすでに、この知り合った元志願兵の方は、岸信介氏からの要請を受けて、韓国を救うべく仲間とともに動かれていたからです。信頼のおける在日韓国人の力を借りて、韓国の政治体制を、日本と友好関係を築ける人たちに担ってもらう。偶然が重なり、私の父は伯母たちとは別のもう一つのルート、国交のない韓国説得のために使われた、旧日本軍人脈の存材を知ることになったのでした。

日韓友好の旗となれ

当時は反日に凝り固まった李承晩体制でした。朝鮮総督府官吏や、重要任務に携わっていた日本人から、日本と友好的な関係が築けそうな人物を紹介されたところで、簡単に接触は図れませんでした。監視の目が光るなかでは、見ず知らずの日本人の呼びかけに、韓国側の人たちが簡単に応対できるはずもなかったのです。

そこで、岸信介氏周辺が頼みとしたのが、日本で暮らしていた元朝鮮人日本兵だったのです。ここに、朝鮮京城第20師団の人脈が活きていたのでした。

伯母たちに回っていた人物照会同様、限られた元日本軍人を通じて、該当者を探し接点をつくっていたのです。その内のお一人が父が知り合った方であり、戦場で苦楽をともにした厚い日本人との信頼関係こそが、ロッテの躍進をサポートしたといっても過言ではありませんでした。

この方たちからうかがった当時の話を、父が私にしてくれたものによると、日本側は、非公式に出入りする韓国人が、日本の新聞や雑誌を母国に持ち帰り、日本側の情報を仕入れていることを想定していたそうです。そのため、在日朝鮮人（南北関係なく）の活躍が紙面に出ることと、事業に成功して広告を出すことなどが、韓国へのメッセージになるだけではなく、そういうルートからも、日本との関係改善ができる人材への接触、支援を図っていく方針で動いていたそうです。ロッテの知名度向上と躍進へと繋がる1956年南極観測隊へのガム提供も、その一環だったそうです。

政治的配慮がさまざま働いていたようですが、さすがにそういう話ですので、政治に縁遠い父に詳細はわかるはずもなく、私自身もこの程度しか聞いていませんが、ロッテの創業者一族が「韓国にすべて投資した」と話しているのは、言うなれば日本側にとってもそうして欲しかったからでもあったのです。

▲東京上野恩賜公園内恩賜上野動物園

明治、大正、昭和の大東亜戦争（太平洋戦争）敗北まで、大日本帝国憲法下で掲げていた興亜の旗が「韓国の維新成功」だったのに対し、ロッテの日本での成功や在日朝鮮人の活躍は、新しい憲法下の日本と韓国の関係修復のための旗だったのでした。そして、この新しい旗を掲げ、旧日本軍軍人や、満州国、朝鮮総督府官吏だった韓国人への働きかけが始まったのです。

残念ながら詳細な年月日は不明ですが、父の話では日韓基本条約締結より数年前の恩賜上野動物園の写真とのことでした。

今となっては珍しいオート三輪の持ち主が元朝鮮志願兵の方になります。このように郷土の後輩の会社の看板をご自身の軽トラックにつけて宣伝していました。写っているものは、父が描いたものです。

こちらも同じ時期の恩賜上野動物園の東京都主催のお正月動物園祭りに、ロッテが共催という形で関わっていたものになります。

恩賜とは、天皇家・皇族からの賜りものという意味ですが、明治維新以降に整備された上野一帯を手本に、第二の帝都と位置づけられていた京城では、李王家所有地を利用して昌慶苑というものになりました。

日本側のアドバイスで、李王家から民のためにという形をとることで、新しい時代の王家は民の生活に心を配っているという実績をつくり、人心を改めて李王家に集め、日本と同じような仕組みに移行させる狙いでした。

そういう事情を知っている人が多く、日本国内で、韓国と北朝鮮を支援している政治組織がはっきり違っていた時代には、このように、ロッテが天皇家ととりわけ縁の深い場所に関わって広告を出していても、騒ぐ人などいなかったのです。

１９９０年代になり、それまでの共産主義国のソビエトが崩壊し、韓国でも軍事政権が倒れると、民主化の名の下に反日勢力が韓国において力を増しました。

そして、それまで彼らも普通に用いていたはずの、天皇から日王という呼称に替え、強く反日の姿勢を見せだすと、象徴天皇制すら廃止に追い込みたい日本人たちが同調しだし、「天皇の朝鮮半島での戦争責任」という意味不明な話が、まことしやかに語られ出しました。

「政治運動に巻き込まれた」同じ日本人が事実関係を捻じ曲げ、韓国の反日勢力に同調することを、集まりの場で不快そうに引揚げ日本人が話しても、どのメディアも取材もせず報道もしてくれないのですから、このようなことも、細かな事情を知らない一般国民に伝わることはありませんでした。

ターニングポイント

1950年代から水面下で始まった韓国との関係改善の取り組みは、多くの人が知らないなかで進められましたが、10年ほど経過した1960年早々に、大きな成果が上がろうとしていました。

「やっと、向こうの連中も重い腰をあげるよ」

年明け早々に、元朝鮮志願兵のかたがホッとした表情とともに、父に話して下さったそうです。

「えっ⁉　それって軍事クーデターのこと？」

この話を父から聞いたのは私が大人になってからで、さすがに韓国の軍事クーデターのことは知っていましたので、そんな大事な話を事前に聞いていたのかと驚きましたが

「いやいや、前からいろいろ向こう（韓国）の仲間に、日本との関係を改善できるようにすべきと説得していると聞いていたから、やっとそういう流れになったっていう意味での話だった。さすがに、俺に軍事クーデターのことはな……言われてもこっちも困る」

と笑っていましたが、そのときは、韓国が日本との関係改善に動くものと理解し

「早く昔のようになれるといいですね」

と話したそうです。

このとき、日韓関係は一度大きく変わるチャンスをつかみかけていたのでした。岸信介氏や、

周囲で支えていた人たちなどの日本側の働きは、伯母千枝子のサイドにも、外地人脈から情報が入っていたそうで、事情を知る人たちは、なんとか上手くいってほしいと願っていました。

しかし、この年昭和35年（１９６０年）は日米安全保障条約の改定という大きな転換点を迎えていました。そして、「岸信介が狙われた」事情を知る人たちが、のちに振り返ってやられたとくやしがり、

「大多数の学生は知らなかったのだろうが余計なことをしてくれた」

と、父がこの話をするたび不満げにもらしたように、韓国から朗報がもたらされる前に、日本が最悪の方向に向かったのです。

安保反対運動が、次第に当時内閣総理大臣として安保改定に臨もうとしていた、岸信介政権打倒に絞られたのです。特定個人を狙いうちにした運動は、大学生や労働組合員を中心に国会議事堂を取り囲み、東京を日本を大きく揺さぶりました。

終戦時の京城同様、謀られたかのように騒動が拡大していった結果、安保改定と引き換えに岸信介内閣は倒れ、韓国でことが起こった際に、速やかに日本も対応するというもくろみは潰えたのでした。

これによって、向こう側にどのような影響を与えたのかはわかりませんが、韓国において、元日本軍中尉高木正雄こと朴正煕韓国軍少将による軍事クーデターが起きたのは、翌年の昭和36年（１９６１年）５月16日のことでした。

最後の切り札

「この人が駄目なら、我々にはもう打つ手がありません、どうかこの方向で決着を図ることをご理解ください」

その後も、韓国と水面下の接触を図っていた岸信介氏から、地元下関の朝鮮半島引揚げ日本人を中心に、一部の人たちに対して説得が行われたのは、昭和38年（１９６３年）のことでした。

この人（朴正熙大統領）と、もともと満州時代に面識のあった岸信介氏は、満州国元官吏、朝鮮総督府元官吏、朝鮮軍第20師団の旧日本軍の人たちを中心とした日本人、韓国人の間を在日韓国人の人脈を利用し、何とか関係改善の旗を手に入れたのですが、60年安保騒動の結果、両国トップによる政治決断という形での歩み寄りは、簡単にはできなくなってしまっていました。

クーデターが成功したところで、日本との関係改善が進まないなかでは、劇的に韓国経済が良くなるはずもなく、旧日本軍軍人という肩書を持つ朴正熙大統領に対し、何が起きるかわからない状況でした。岸信介氏は引揚げ日本人に対し、10年の歳月を越える取り組みが実を結んだ朴正熙氏を失えば、日本側としては事態収拾の策がないと正直に言われたそうです。

そして、日本の方針として岸信介氏が決断し、理解を求めたものは、玉音放送から一時的な無政府状態になった京城の出来事、会社や工場などの財産だけではなく、家族や友人を失った人たちにとっては、非常な決断を迫るものでした。

日本の安全のためにも、共産主義勢力に朝鮮半島全域を奪われるようなことがあってはならない、併合時代の日本の巨額投資の実態、玉音放送以降の日本側被害を表に出すことなく韓国を助ける、こちら側は金銭的な要求をしないというものだったのです。そのため、引揚げ日本人にも不満はあろうが、何とか国に対しての反対運動などは抑えて欲しいというものでした。

日本国内でも、先の大戦での空襲被害者などには何の補償もしていないため、朝鮮半島の併合時代が、日本の資金の持ち出しで行われ、日本が破壊行為をしていたわけではないことが大々的に知られれば、国内の戦争被害者を中心に、世論が反対の空気に染まる可能性がありました。

さらに、まだまだ根強い本土の日本人の、朝鮮民族に対する差別的な感情がそこに合わさったときには、収拾不能になる恐れもありました。そのため、何としても政治運動化は避けたかったのです。

説得を受けた方たちの話によると、韓国支援によって、憲法9条を持つ日本をベトナム戦争に引き込もうとする、当時のアメリカのプレッシャーを跳ね除けるとともに、再びの有事が起これば発生するであろう、工作員の紛れ込みが可能な、韓国からの大規模な難民が日本に押し寄せ、依然として危険な動きのあった極左ゲリラと結びつき、日本国内を揺さぶることを防ぎたいという考えでもあったそうです。

アメリカ軍によって治安回復がされるまでの数日に及んだ、朝鮮人暴徒による日本人への暴行、強盗、強姦、殺人。

反日勢力に煽られた一部の人間の仕業とはいえ、相当数の被害を出した日本側が、韓国に対し謝罪要求と損害賠償請求を行うのは当然のことでした。

しかし、それをしてしまえば、韓国政権周囲には抗日活動として、それに関与した人間がまだいるのです。対応いかんによっては、政権基盤の弱い朴大統領は、日本に対し弱腰と揺さぶられることは明白でした。


さらに、日本でも北朝鮮の後ろ盾になっていた、ソビエトの強い影響下にあった野党勢力が力を持っていました。北朝鮮を礼賛する朝日新聞社を中心としたマスメディアの報道の仕方によっては、日本国内のほうもどうなるかわからない状況でした。

また、当時の韓国に現金がないことは、日本側はすでに承知していたのです。

仮にいくらかの賠償金を交渉で勝ち取ったにせよ、韓国に払えるわけがありませんでした。

過去の痛みの清算を優先させ、外交の場で罵りあいながら形の上での権利を取るのか、これからの安全と友好を取るのか、難しい判断が迫られました。

「自分たちと同じ目に、本土の日本人をあわすわけにはいかない」

「前（大東亜戦争）のようなことはごめんだけれども、話を聞けば、今回は戦争をしようというのではない、むしろ避けようというのだから、こちらもいつまでも我を通すわけにはね……」

玉音放送が流れたあの日、内地は空襲がもうないと安堵しているなかで、外地満州、朝鮮で上がった日本人の悲鳴、助けを求める叫び。そのなかで暴れまわった共産主義者や反日組織の恐怖。一瞬にして秩序が失われ、混乱が100万都市を飲み込んだ実体験。

平和を実感しつつあった日本に、地獄の再来を防ぐ。大国同士の代理戦争でしかない、過酷な環境下で行われているベトナム戦争に、自衛隊員を行かせるわけにはいかない。外地の体験者たちは悩んだ末、岸信介氏の判断に任せるという決断を取りました。

「日韓基本条約」が結ばれる2年前、これによって、水面下で日本人側は、韓国に謝罪や損害賠償を求めての政治運動も起こさず、韓国に残してきた財産についての返還も求めない、国の方針に一任することとなり、ここに事実上の決着点が見えたのでした。

「俺たちにはなかったが、まああれだけのことをやって来ていたんだ、仕方がない」

父たち東京の人間には説得交渉はなかったそうです。しかし、さまざまな形での日本の取り組みと、それを取り次いだ、元朝鮮志願兵を始めとした在日韓国人の方たちの苦労を知っていた父は、私も同席した引揚げ日本人の集まりで、この話が出た際にこう話すと

「おかげで、親父（靖国）やお袋（千代子）は貧乏くじ（すべての権利の消失）を引かされたようなものだがな」

と苦笑いを浮かべていました。

日韓基本条約

昭和39年（1964年）、東京オリンピックに国交のない中国や北朝鮮が参加しないなかで、韓国だけは選手団を日本に派遣してきました。父の話によるとこのとき、日本と韓国が、非公式に条約締結への確認を行ったとのことでした。

「ロッテが費用の大部分を出したそうだ」

元朝鮮志願兵の方からの話しでは、日本側の意を汲んで、ロッテが貧しかった韓国の選手団や関係者の渡航滞在費用などの面倒を見てくれたそうです。そして、そのなかに交渉相手がいたようで、前年日本人側の説得を急いでいたのもそのためだったようです。

こうして、昭和40年（1965年）6月22日、岸信介氏の実弟佐藤栄作総理の下で、日本と韓国、両国間において正式に「日韓基本条約」が締結されました。

新しい時代のために、ここに、不幸にも起きたさまざまな出来事を表に出すことなく解決する。当面は韓国の国内情勢を考えて、すぐに反日教育を止めることはできないだろう。しかし、それを国外に持ち出さない限りにおいては、日本側は見て見ぬふりをする。事情を知っていた人たちはそういう理解のもと、この後も続いた反日教育も、いつか国が安定すれば、韓国国民が外の世界に目を向ける余裕が出てくるだろう、真実の併合時代の日本人と朝鮮人の関係を学び、わかってくれるだろうということに期待をかけました。

こうして、日本も韓国も「日韓基本条約締結」このときをもって、すべてのことが終わったことになったのでした。

漢江を天の川に見立て、織姫と牽牛の出会いとするべくつくり替えられた京城。縁深き朝鮮半島の民を治める李王家を素戔嗚尊の流れとし、日本留学の皇子の帰還をもって国譲り（天孫降臨）とする。

大東亜戦争（太平洋戦争）によって、最後まで叶うことのことのなかった大御心。終戦からおよそ20年後に、完全に封印された歴史は、明治、大正、昭和の計画を知る人間がこの世を去るとともに消える予定でした。

新しい世代による新しい日韓関係が、お互いに力を合わせて築かれていく。そのための一歩として、日韓基本条約以降の日本側の助言、経済援助により目覚ましい韓国の発展が始まりました。「漢江の奇跡」とのちに呼ばれることになる停滞からの大いなる成長、これは必然でした。近代化の必要性すら拒み、自分の地位や欲得に固執し、自分の国の状況を冷静に見ることのできなかった人間たちに代わり、併合時代、朝鮮半島の経済運営を担っていた朝鮮総督府内鮮人官吏、朝鮮の発展に必要だった市場と資源の供給先として大いに関係を持っていた、満州国経済を見ていた官吏たちが再び手を結んだのですから。適切なアドバイスと確かな実行力。こうして、京城駅改め韓国ソウル駅地下鉄工事などに代表される、今日の韓国の基礎造りが、再び、ソウルから始まっていったのです。

第六章

日韓の真実

阻まれていたもの

▲戦前の昌慶苑そばにて伯母千枝子達京城第二高等女学校一学年の全体写真

京城の昌慶苑や一帯には東京上野に習い、動物園、植物園、博物館などがつくられており、鉄道の敷設が進むと、京城だけではなく全鮮各道から訪れた児童や家族連れで賑わいを見せていました。

これによって、近代国家の国民としての自覚と文化的素養を上げていく。東京で上手くいったことを参考にして行われた、近代化政策の一つであり、旧来の王族や両班達、特権階級のみが生活を謳歌する時代と違い、朝鮮半島の一般庶民の楽しい思い出づくりにも、一役買っていきました。

徹底した反日教育で染め上げられる前の韓国。古き良き思い出を持った人たちは、反日に凝り固まった政府の物言いと、真実は違うものと自然に理解していました。そしてそれは日本においても同じでした。

その違いを、政治運動の道具にしたり、目先の経済的利益にとらわれず、日本でも、引揚げ日本人の存在や声を無視せずに、証言や資料に基づいたまともな報道がされ、まともな歴史教科書がつくられ、授業で教えてくれてさえいれば、90年代から反日国家に戻り出した韓国に対して、きちんと日本人も向き合い、有効な対処ができたのではないかと思うと残念でなりません。

引揚げ日本人を無視してつくられた「従軍慰安婦問題」

内鮮一体の南（南次郎総監）統治不滅の金字塔である陸軍特別志願兵制度は事変（支那事変）の翌年である昭和十三年の二月公布され同四月施行に関する諸手きの発布を見た。

この制度は半島同胞に始めて兵役の義務を分担させせようとするもので、このために朝鮮総督府陸軍兵志願者訓練所を設置して、軍隊生活に予備的訓練を有しない朝鮮人青年が、入営後直ちに内地人男子と伍して國家（国家）に御奉公できるだけの心身の基礎教育を施すこととなり、第一回先ず四百名の成年を募集したのである。

そうしてこの制度の実施が紙上に発表されるやバンザイの声は全半島をゆるがし、全鮮一斉に感謝祝賀の行事が催され、未だ細則の発表に先立って総督府、朝鮮軍司令部、或いは最寄りの憲兵隊、警察署等には採用を願出る者続出し、血書の嘆願書も多数提出されて一死報國の丹心（国に命を捧げるまごころ）を披露した。

同年度の応募者は四百名の募集に対し一万二千三百四十八名、十五年度は採用人数を一挙三千名に拡充して旺盛な愛国の赤誠《せきせい》に応えたが、熱誠は年とともに加わって八万四千四百余名、さらに十六年度には十四万四千七百名を数えるに至った。

本十七年度は新たに内地在住の半島青年の輿望に応えて大阪を一詮衡区《せんこう》（選抜場所）に加えたのであるが、志願者は更に急増して二十五万一千五百九十四名に達し、このなかには名門の子弟や相当な知識層の青年も応募して、定員の六十余倍という凄い殺到振りを示している。

そしてさすがこれだけ多数の志願者のなかから詮衡され、更に半年内外の基礎訓練を経て入営するだけあって、報國の至誠、心身の鍛錬、内地人男子に伍《ご》して些《いささ》かも劣らず、第一回志願兵のなかからはすでに記した如く靖國の神と祀られる李仁錫、李亨洙の二英霊を出し、後続志願兵はこれを真の鑑と仰いで日夜精励を続けている。

今後、更に第三の、第四の、更に幾百千の李仁錫が出、李亨洙が生れるであろう。そして半島はこの屍の光栄のなかから逞しい日本的成長をとげるのである。

なおこの志願兵は全部が訓練終了とともに直ちに入営するのではなく、詮衡の結果現役に服するものと第一補充兵役に編入されるものとがあるが、その何れもが家郷にあっては志願兵と選ばれたる誇りのもとに職務に励精《れいせい》し、新しき指導者として郷党（ふるさと）の愛敬を一身に集めつつある。『前進する朝鮮』（昭和17年・１９４２年）「志願兵に挙る」より

文中にあるように、朝鮮全域から志願書を携えて朝鮮人の青年が訪れ、合格後の訓練に励んだのち、戦地へと出征していった場所が父たちがいた京城でした。

そして、龍山駅は日本人と混成部隊になった大勢の朝鮮人志願兵を、続々と送り出した駅でした。京城の繁華街や、駅周辺など、人が行きかう場所で、日本人に習い、武運長久の千人針を求める朝鮮人志願兵の家族や神社に、武功と無事の帰還を願い、お百度参りなどをする母親の姿も多数見受けられたそうです。

その光景が目に焼き付いていた、私の周りの引揚げ日本人が話していた、朝鮮の人たちに申しわけないことをしたという内容は、度重なる引揚げ日本人の抗議の声を無視して、今日でも

平然と、日本の学校教育現場でも教えられてしまっている、でたらめなものとは違います。

「本土が勝手に始めた（朝鮮には参政権がありませんでした）負け戦に付き合わせてしまって、朝鮮人青年にも多大な犠牲をだしてしまった。挙句に、敗戦の混乱に乗じて暴動を煽られ、総督府が機能不全になってしまい、あっという間に反日勢力の台頭を許してしまった。あの出征した兵士たちは、帰国できたとしても、戦後どれほどの苦労を強いられたのだろうか、また、送り出した家族、不幸にも遺族となられた方たちの、戦後の境遇を思うと心苦しいものである」というものでした。

このことが、昭和40年（１９６５年）に結ばれた「日韓基本条約」の際、韓国に対して、個人補償という形を取って、その分をできるだけのことをして欲しいという要望の一因となったのですが、引揚げ日本人側の取材をしない、話を聞かない、真実を掘り起こし、次の世代に伝えようとしなかった、日本のジャーナリスト、教育関係者の高い壁に阻まれ、多くの日本人が知らないものとなっています。

朝日新聞社が喧伝した「慰安婦強制連行」。あれ以降、いくら探しても具体的な証拠が出ないのか、それは軍事、民事ともに重要な役割を担っていた龍山駅周囲では、戦中、朝鮮人志願兵が日本軍軍人から武器を渡され訓練をしていて、貨車にのって、出征していった場所であるからです。

そんなところで泣き叫ぶ同族の女性を運び出していたなら、志願兵は手にした武器と、覚えたての戦闘術で反乱を起こしていたでしょう。

また、出撃前まで龍山周囲で暮らし、20師団司令部側で遊んでいた内鮮人の子供たちは、夕刻、訓練を終えて兵舎前で束の間の休息を取る兵隊から、声を掛けられよく話をしていたそうです。

兵役の人たちは故郷に家族を残していたため、周囲で遊ぶ子供たちと会話をすることで、望郷の念を紛らわしていて、付き合ってくれたご褒美として、携行食として配られていた金平糖を、ひと粒ひと粒子供たちの口に含ませてくれたそうです。私の父も、本人曰く「餌付けされた小鳥」のように口を尖らせて、ご褒美に預かっていたと懐かしく話していました。

昭和18年（１９４３年）には、その駐留軍の多くを死を覚悟させ、東南アジアに出征させていたのですから、仮にそのような蛮行を行おうとしても、そんなことに人手を割く余裕などなかったのです。

「軍人だってみんな家に帰れば家族がいたんだぞ。戦地でもない、俺たち子供がすぐそばで遊んでいる場所で、そんな運び出しができるか。どれだけの目があったと思っているんだ。親父にくっついて、操車場で整備待ちの機関車に乗せてもらって遊んでもいたんだ。そんなもんあるか馬鹿馬鹿しい」

さらに、当時そのようなことを朝鮮総督府や駐留日本軍部隊が行ったのならば、組織上、多数の朝鮮人日本兵が関わっていたことになるだけではなく、朝鮮半島の学校を管理していた学務局の朝鮮人官吏や師範学校で学び、日夜子供たちの学力向上に奮闘していた朝鮮人の学校の先生が、それを黙認していたというとんでもない話になるのです。

「自分たちもいたくせにとぼけやがって」

吐き捨てるように父の口から出たこの言葉は、朝日新聞社同様、京城に支局を構えていた毎日新聞社に対してのものでした。


朝鮮半島時代に購読していたのは毎日新聞だったそうで、毎朝、それを祖父に手渡す役目が父だったそうです。それだけに、彼ら新聞社が、当時の朝鮮で紙上において志願兵を賛美、煽り、戦時下の朝鮮を盛り立てていた行為をとぼけ、日々の暮らしがどんなものだったのかを隠し、慰安婦狩りがあったかのように報じた、その報道姿勢に心底不快な感情を持ったのです。

本来ならば、反日国家として誕生した韓国から、朝鮮民族の裏切者扱いを受けてしまい、未だ異国の地で眠ったままの、志願兵の名誉回復や日韓の合同慰霊祭でも訴えるべきものを、気に入らない、現体制の日本という国への攻撃に利用できると、反日を国策として進める韓国が喜ぶことを行い、追い打ちをかけたのです。

日本が、自分の国を信じ、ともに進む道を選んだ多くの朝鮮人の存在を語ることを止めてしまえば、その人たちの、日本と韓国の歴史のなかでの存在証明ができなくなるのがわかっていたはずなのにです。以降、我が家では新聞を取ることはなくなりました。

「国が敗れても元町小学校のプールは泳ぐのに差し支えない水を満たしていました。先生方の姿を見ませんでしたから、許可なく勝手に泳ぎました。泳ぎ疲れての帰り、馬の世話をしていた兵隊さんに声をかけられました。「ボンつかれただろう、これをかじり乍ら帰りな」と。チリ紙に包んだ黒砂糖の一片を呉れました。甘味に飢えてましたから、それは嬉しいことでした。

敗戦後すぐの私

　国が敗れても元町小学校のプールは泳ぐのに差し支えない水を満たしていました。

　先生方の姿をみませんでしたから、許可なく勝手に泳ぎました。泳ぎ疲れての帰り、馬の世話をしていた兵隊さんに声をかけられました。「ボン疲れただろう、これをかじり乍ら帰りな。」と。チリ紙に包んだ黒砂糖の一片を呉れました。甘味に飢えてましたから、それは嬉しい事でした。でも何故校庭に兵隊さんが・・？。

　満州（当時）から内地目指して帰国中の邁進部隊の一兵卒さんだったのです。講堂を宿舎として何日間かを過ごして行きました。それを機にいろいろと知りあった兵隊さんの一人が「布地はあるけど誰か越中ふんどしを縫ってくれる人いないか」とのこと、帰宅して母に言うと「ミシンもあるしお安いご用よ」と、預った布で何本か作り手渡すとお礼だよと乾パンの入った袋を５袋も貰いました。その後すぐに、青年将校から声をかけられ「ボン何時も兵隊が世話になってすまないネ、これから昼食を喰うけど一緒にどうだ」と誘われ、遠慮なく食べることにしました。裏門にあった幼稚園の部屋に裁縫台と思いましたが、それをズラリと並べ、唄の文句にあるように金の茶碗に金の箸、白いご飯は魅力的に輝いていました。

　少尉さんの「何もないぞ」と云う通り味噌汁と沢庵数切れ、そして缶から出されたままの形で金の皿にのっている牛肉の缶詰、私は困りました。映画だとどの様なスタイルで過去に場面転換するでしょうか？。私にも五才の、可愛い時代がありました。日本海側に江陵という村があり、元山から鉄道を敷く、その開発責任者の一員として父が赴任したのです。

　ある日、お客様があるという事で、母は腕をふるってご馳走を作りました。やがて出来上がった一品をテーブルにどんと置きます。私は無邪気に「これなぁーに。」と聞きました。母は、こともなげに「あなたが昼間追っかけて遊んだ鶏よ」と、ショックでした、それ以来一片の肉も口に出来なくなりました。

　さて、今迄口にしなかった肉が目の前に、困りました。が、少尉さんの好意を無にしてはいけない、まゝよと恐る恐る箸を出し口に入れました。「うん？　何だ肉ってうまいじゃないか」。それから肉が食べられるようになりましたが、時代が時代ですから肉類が食卓に上がるのはうんと後年のこと、しかし脂身の少ないところ、鶏も笹身と称するところだけです。

　ともあれ兵隊さんのお陰で偏食のひとつが直りました。そうこうしている内に出発の日が来ました。少尉さんは「ボンいよいよお別れだな、これをあげるから使ってくれ」と、軍用の自転車を一台呉れました。そしてそれが最後でした。翌日学校に行ってみるとシーンとした中に元町小学校は事もなげに立っていました。いろいろな思い出をありがとう。学校を目にしたのはその日が最後でした。

　両親も７人の子供とともに日本に引揚げることの不安で大変心を痛めたと思いますが、遂に意を決し十二月上旬京城の地を離れました。実話・デマが入り交じた数少ない情報は、この先の不安な旅を増幅させました。その一つに釜山の港で１、２泊させられるとのことでしたから、煮炊きの為の七輪と炭をを持って行きました。が、徒労に終わりました。二世の将校がリュックを開けさせ、上の方の着物類を何枚かめくり「オーキモノ、キモノ・・」といってＯＫ。ＤＤＴを身体とリュックに振りかけ早く船に乗れと追われるように船内へ。

　十二月半ばなのに中はムッとする暑さでした。やがてゴトゴトとエンジンの音。父は「試運転でもしてるんだろう」と云いましたが私は甲板に上がってみましたら何と、船は出港してて、はるか彼方に釜山の街の灯りがまたたいていました。何ともあっさりした朝鮮半島との別れでした。

　作文力のない私がペンを執ったもののなかなかペンが走らず、思いつくまゝ書き連らねました。みな様よろしくご判読下さい。

＊＊＊＊＊＊＊＊

後に見える総督府　（１９７３年5月 写す）

･２３･

▲「柳３号」より父稔による「敗戦後すぐの私」

でも何故校庭に兵隊さんが……？

満州（当時）から内地目指して帰国中の邁進《まいしん》部隊の一兵卒さんだったのです。講堂を宿舎として何日間かを過ごしていきました。それを機にいろいろと知り合った兵隊さんの一人が「布地はあるけど誰か越中ふんどしを縫ってくれる人いないか」とのこと、帰宅して母に言うと「ミシンもあるしお安いご用よ」と、預かった布で何本かつくり手渡すとお礼だよと乾パンの入った袋を5袋も貰いました。その後すぐに、青年将校から声をかけられ「ボン、いつも兵隊が世話になってすまないネ、これから昼食を喰うけど一緒にどうだ」と誘われ、遠慮なく食べることにしました。

裏門にあった幼稚園の部屋に裁縫台と思いましたが、それをズラリと並べ、唄の文句にあるように金の茶碗に金の箸、白いご飯は魅力的に輝いていました。

少尉さんの「何もないぞ」と云う通り味噌汁と沢庵数切れ、そして缶から出されたままの形で金の皿にのっている牛肉の缶詰、私は困りました。映画だとどのようなスタイルで過去に場面転換するでしょうか？　私にも五才の、可愛い時代がありました。日本海側に江陵という村があり、元山から鉄道を敷く、その開発の責任者の一員として父が赴任したのです。

ある日、お客様があるということで、母は腕をふるってご馳走をつくりました。やがて出来上がった一品をテーブルにどんと置きます。私は無邪気に「これなぁーに」と聞きました。母はこともなげに「あなたが昼間追っかけて遊んだ鶏よ」と、ショックでした、それ以来一片の肉も口にできなくなりました。

さて、今迄口にしなかった肉が目の前に、困りました。が、少尉さんの好意を無にしてはいけない、ま丶よと恐る恐る箸を出し口に入れました。「うん？　何だ肉ってうまいじゃないか」それから肉が食べられるようになりましたが、時代が時代ですから肉類が食卓に上がるのはうんと後年のこと、しかし脂身の少ないところ、鶏も笹身と称するところだけです。

ともあれ兵隊さんのお陰で偏食の一つが直りました。そうこうしている内に出発の日が来ました。少尉さんは「ボンいよいよお別れだな、これをあげるから使ってくれ」と、軍用の自転車を一台呉れました。そしてそれが最後でした。

翌日学校に行ってみるとシーンとしたなかに元町小学校は事もなげに立っていました。いろいろな思い出をありがとう。学校を目にしたのはその日が最後でした」

これは、私の父が京城時代の印象に残った思い出を、会報誌に綴ったものを抜粋したものになります。この人たちは、昭和20年（1945年）8月20日に、騒乱状態を抑えたアメリカ軍の指示で、この小学校を宿舎として、この一帯の治安維持の手伝いを行い、同年9月8日に、新しく京城に入ってきたアメリカ軍部隊に学校を明け渡し、本土へと引揚げて行った邁進56部隊でした（元町小沿革史記載）。

兵団文字符は「邁進」。1945年4月時点で約1万2000名を数えた部隊であるが、敗戦時には9千13名であった。司令部、歩兵第259、第260、第261連隊、砲兵隊、工兵隊、通信隊、輜重隊は主に朝鮮南部で行動。兵器勤務隊、衛生隊、野戦病院、病馬廠は編成完結前（7月10日編成下令）に敗戦を迎えた。

司令部は1944年12月20日に満州にて編成。編成後、翌1945年5月に朝鮮へ移動。司令部は慶山に置き、歩兵第259連隊は釜山、第260連隊は大邱・浦項、第261連隊は固城・三千浦に、また、砲兵隊、工兵隊、通信隊、輜重隊は慶山に配備された。済州島への転進準備中であったが、日ソ開戦で関東軍司令官直轄となり、主力は平壌付近に集結を命じられる。敗戦時は京城。「邁進部隊」国立公文書館アジア歴史資料センターより。

この邁進部隊の一部隊だった人たちと、父は京城を去って行くそのときまで親しく交わっていたのです。敗戦後でも規律を失うことなく立派に、最後まで、恩には恩を返し帰って行った人たちが、なんで慰安婦狩りなんかしたことにされるのかと、父の怒りが大きかったのは自分の思い出を汚されただけではなく、突然出てきた「従軍慰安婦強制連行問題」が、あまりにも当時の自分の体験と合わないものだったからでした。

父の文章にあるように、当時の男性の下着はふんどしでした。そのため、駐留部隊は、通常その基地周囲の手先の器用な女性と親しくなり、軍に支給される砂糖や酒、缶詰、菓子類を小分けして、布と一緒に手付分を渡し、ふんどし完成後、残り分を渡す形で縫ってもらっていたそうです。昭和18年に、20師団が東南アジアに出撃した2年後の京城に、急な転属命令で入ったため、邁進部隊にはその伝手がなく、下着の替えの手配ができずに困っていたのです。

朝鮮半島の各駐留部隊も、同様のことを日ごろから行っていたそうで、朝鮮人の女性とトラブルを起こすということが、まず考えられませんでした。また、朝鮮半島では、併合前まで常

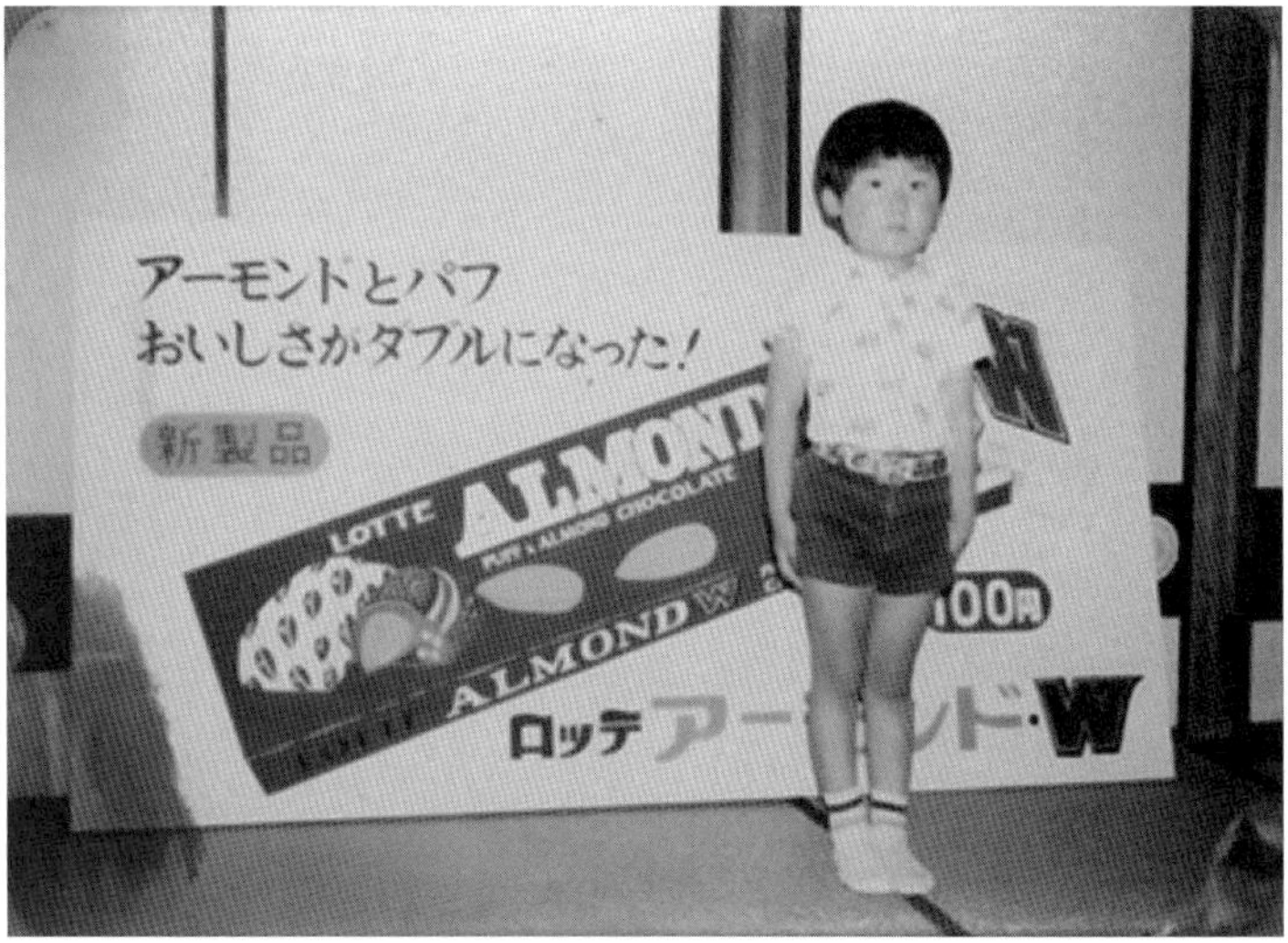

▲父が仕上げたロッテの看板の前で直立不動の私（昭和50年・1975年）

設店舗による商業活動がなく、定期、不定期に立つ市で物々交換するのが普通だったそうです。冷蔵庫もない時代、都市化した京城はともかく、駐留部隊の食材の調達は、地方では依然としてそのような市だのみ、あるいは周囲の農家から直接野菜を仕入れるのが普通でした。

さらに、大陸の一部である朝鮮半島は、常にソビエト軍の諜報活動にも警戒をしていなければならないため、周囲の朝鮮人の目や耳は、日本軍にとって必要不可欠なものでした。山に猟に行った、山菜を取りに行った、そのようなときに不審な人影を見た、あるいは耳慣れぬ外国語を使う者がいた、というような報告をすぐにもらえれば、武装した偵察部隊を送り、確認、奇襲を防ぐことができるのです。そのため、日ごろから部隊長は、周辺住民との関係を良好に維持することも務めだったのです。

それが突然、自分たち朝鮮半島で生活していた日本人の証言を、まったく取り上げもしないで、新聞やテレビによって「従軍慰安婦強制連行問題」が、あたかも真実であるかのように世論誘導されたのです。

引揚げ者の集まりでも、このことにふれては父だけではなく、同様のことを知っている人たちは不快感をあらわにして怒っていました。

看板の前で、幼い私がやや硬い表情で直立不動の姿勢をとっているのは、直前まで、父に挨拶の練習をさせられていたからです。

7月に行われる靖国神社の「みたままつり」。日韓問題解決に尽力して下さった、旧日本軍の朝鮮軍所属であった方たちが、参拝後に朝鮮志願兵だった方のお宅に顔を出されるとのことで、その方たちにご挨拶する際に、失礼のないようにと父から手ほどきを受けたあとに撮ったものになります。

朝鮮半島の京城に送り込まれていた豊田靖国の孫が、当時すぐそばで訓練に明け暮れ出撃し、終戦から30年後（日韓基本条約締結から10年後）に、日本の東京九段の靖国神社を参拝された方たちに、ご挨拶をするという不思議な体験でした。韓国からもお見えになられた旧日本兵も多かったこのころは、「靖国神社参拝問題」などもありませんでした。

亡くなった友のため、ソビエト軍侵攻によって出征中に家族をも失い、その死を告げることすらできなかった仲間のために、米ソの思惑が絡み起こった、南北分断からの朝鮮戦争。口先ばかりのふがいない戦後の韓国軍人に代わり、ソウル奪還のため再び前線に戻り、新しい自分たちの国に尽くし死んでいった元日本軍韓国軍人のために、今の自分たちのそれぞれの国の状況を、彼らに報告し、静かにお参りをする。余計な騒音がない時代でした。

引揚げ日本人から、「沖縄止まり」と自嘲気味に言われていた、特定の考え方に傾斜したマスメディアや、教育現場でまともに扱われることのなかった、外地日本人の戦前の生活実態や戦争経験。終戦の混乱のなかで、すべてを失い本土に引揚げた日本人に、自分たちの歴史を表立って語る余裕などありませんでした。

だからこそ、１９８０年代から突然問題視された「靖国神社参拝問題」から、外地の状況確認を、国は本腰を入れてするべきでした。それがなされていれば「従軍慰安婦強制連行問題」で、日韓関係改善の、影の功労者の方たちの名誉を汚すことも防げたでしょうが、残念ながら、そのような機会も場所もありませんでした。

「不愉快だからチャンネルを変えて」

朝鮮半島で生活していた日本人に、確認も取らずに語られ続けた朝鮮半島と靖国神社の関係。テレビのニュースや討論番組の「靖国神社参拝問題」は、我が家では見ることはありませんでした。

未完に終ったとはいえ、自分の父親から亡くなるまで、大正天皇陛下の大御心に沿うものとして、特別な任務に当たったことを誇りに話されていた伯母や父にとっては、自分たちの前に姿を見せることなく、知ったかぶりをして話すコメンテーターや討論番組参加者の物言いが我慢できなかったのです。

「靖国神社参拝問題」は、コンビニの棚に並べられる季節商品のように、毎年決まった時期に取り上げられることも多く、次第に慣れた私は、代り映えのしない、中身のない番組を見て、父や伯母が不快感を持たないよう、事前に新聞のテレビ欄に目を走らせ、「靖国」の文字を見つけるとチャンネルを合わせないよう、工夫をするようになっていました。

関係改善のために戦った日本人、韓国人、在日韓国人の願いは、心の通った友好関係「真の内鮮一体」へと向けて進むことであり、それが、大東亜戦争（太平洋戦争）で散っていった仲間に見せるためにも大切なことだったはずですが、大事をなした方たちが亡くなるのを待っていたかのように、日本側でも次々と問題がつくられていきました。

決して合うはずがない、合わしてはならない、封印されたはずの異なる日韓の歴史認識。同じ時代、同じ場所に関係者がいてそのことを知っている、いや知っていなくてはならない、日本の新聞社や弁護士、教育関係者たちによって利用され、かき乱された日韓関係は、今、大きく揺らいでいます。

問題の本質から目をそらし、「正しい歴史認識」「ネット右翼」「韓国へのヘイト」という胡散臭いフレーズだけが連呼されるなか、特定の情報だけ、まるで謀ったかのように消して話す学者や弁護士やジャーナリスト。

それを無責任に、引揚げ日本人の集まりに姿を見せることなく、自ら確認も取らず、しゃべらせ、書かせ、報道し続けているマスメディア。

大東亜戦争と呼ぼうが、太平洋戦争と呼ぼうが、あの未曽有の惨事は繰り返さない。

大本営発表のような嘘によって、国民を惑わすようなことは許さない、それが、戦後日本の誓いだったはずです。

近年、インターネットが普及し、既存のマスメディアを飛び越えて入る韓国の反日教育の実態。それを嫌悪したりあざ笑いながらも、日本人も気付くことなく偽りの歴史を教え込まれている。わざわざ授業と称して韓国を訪れ、反日資料館を子供に見せて嘘を信じ込ませながら、ソウルのその足元に、朝鮮半島近代化に汗した多くの日本人の血が染みていることを、平然と隠す教育関係者の姿。


不思議な縁で再び巡ってきた岸信介氏の孫である安倍晋三総理と、朴正熙氏の娘である朴槿恵大統領によって解決されたはずの「慰安婦問題」も、大統領が代わると即座に約束を反故にするという暴挙に出てしまった韓国。

それを、深刻な問題として国民に伝えるどころか、依然として対話をしろと、無責任なコメントを繰り返す報道関係者。

尻馬に乗って上っ面の理解で、自ら調べもせずに、韓国の言い分を鵜呑みにした発言や記事を出す、社会的影響力のある人間たち。

　京城で、玉音放送後に法治体制が崩れるなかで、日本人側が雇った覚えのない組織化された朝鮮人労働者の集団に襲われ、「手切れ金を寄こせ」と金品を強奪されたり、それを拒んで無残に殺された事実。

　それら、あらゆる韓国不利な事情を表に出さずに、「日韓基本条約」で解決させたはずのものを、平然と、今ごろになって「個人補償は別」と言い出している、日弁連の一部弁護士たち。徴用工問題も、該当するとされ、韓国の資産差し押さえに直面する日本企業の現在の経営者や株主には、外地で何があり、何がなかったかなどわかるはずはないのですから、まず事実を、起こったことの詳細を伝えるべきです。

　日本人が、あの大混乱のなか、いったい何人殺され、いくら奪われたのかなどを、京城から引揚げた日本人の下を訪ね歩かずして、騒いでる弁護士たちはどうやって算定したというのでしょうか。それなくして、「日韓基本条約」で日本側が渡した金額の妥当性が、どうやって判定できるというのでしょうか。終らせた、解決済みという国の言葉には、重いものがあることを、なぜ、日本の弁護士に隠され、不可逆のはずの「日韓基本条約による完全決着」を壊されなければならないのか。

　さらに、この原稿を書いてるなかに飛び込んできたのは、おぞましい、芸術祭に名を借りた政治活動の「愛知トリエンナーレ」でした。

　京城龍山一帯に暮らしていた日本人にとっては、御真影を守ろうとして亡くなった、鈴木志津衛校長の死を冒涜されただけではなく、あれほど否定していた「従軍慰安婦強制連行」を象った少女像を、昭和天皇の御真影を燃やした作品と、わざわざ同じ会場に並べられるという、念の入ったヘイト活動を、日本の愛知県という地方自治体や、芸術家、それを支援する表現の自由を標ぼうする日本人たちにされたのです。

責任感を持って最後までことにあたった教育者の死という痛みに触れず、「表現の自由には痛みを伴う」というしらじらしい言葉とともに。

反日色を強める韓国の真実の姿から遠ざけられ、それを巧みに、日本国内でも政治運動の道具として利用する日本人が少なくない。その結果、なぜ両国の歴史認識が違うのかすらわからないまま、今を生きる一般日本人のなかに、朝鮮民族への蔑視にも近い悪感情だけが高まっている。

さらに、このまま進み何かよくないことがあってからでは、先に友好のために戦い亡くなった方たちに申しわけがたたない。父を無事あの世に送り出してから（平成26年・2014年死去）取り組んでいた、自分の記憶の確認と整理。それを可能な限りみなさんにお見せするべく、乱雑に仕舞いっぱなしになっていた写真や、形見の整理と、ない頭を絞ってのまとめ作業。時間が掛かりましたが、やっとこのような形で残すことができました。

常日ごろから、学者やマスメディアとの接点がないまま、不快なニュースは遠ざけ、話したところで聞く気がないのだろうと、外に向かっては黙して語らず、思い出という名の日本の歴史の断片を抱えたまま、父や伯母だけではなく、多くの事情を知っていた引揚げ日本人は亡くなっていきました。

私が、みなさんに伝えることができるものは、そのなかのほんのわずかでしかありませんが、情報化時代が訪れ、外地引揚げ者以外の日本人や、日本に住む韓国籍の人たち、厳しい親日狩りがある韓国のなかでも、インターネットで共有できるようになった写真や資料から見えてきた、「併合時代の朝鮮半島」の情報と、学校教育や報道から知る情報との乖離に不信を感じ、真実を知りたいと、恐れることなく旗を立て歴史の再検証を始め出した人たちに、この本が、電子書籍が、役に立つものとして届き、「正しい歴史」を取り戻し、あるべき日韓関係に戻ることを願っています。

著者紹介

豊田健一（とよだ けんいち）

1971年東京生まれ。物心が付いた時から聞かされて自然と覚えた、消えゆく外地朝鮮の歴史。その話を後の世に残すべく一念発起。2015年より執筆に取り組み、この度何とか形にする。

受《う》け継《つ》がれし日韓史《にっかんし》の真実《しんじつ》　——朝鮮引揚者《ちょうせんひきあげしゃ》の記録《きろく》と記憶《きおく》

2020年10月21日　第1刷発行

著　者　　豊田健一
発行人　　久保田貴幸

発行元　　株式会社 幻冬舎メディアコンサルティング
〒151-0051　東京都渋谷区千駄ヶ谷4-9-7
電話　03-5411-6440（編集）

発売元　　株式会社 幻冬舎
〒151-0051　東京都渋谷区千駄ヶ谷4-9-7
電話　03-5411-6222（営業）

印刷・製本　シナジーコミュニケーションズ株式会社
装　丁　　弓田和則

検印廃止

ISBN 978-4-344-93045-2 C0021
幻冬舎メディアコンサルティングHP
http://www.gentosha-mc.com/